Anna, Louis, Nathalie, Liza et Nathan

exercices de style autour des "petites crêpes aux algues"

recette page 81

nathalie beauvais

Mangez Breizh !

épicerie fine & recettes
bretonnes *trop mad**

accords mets et vins
d'**arnaud beauvais**
photographies et
conception
de **pierre pelletier**

* *trop* sans être excessif / *mad* comme
bien & bon (mat) en breton,
voire même fou pour le reste du monde !

Nathalie
chef
la passion
des produits
et de la cuisine
de sa région

La recette

Prendre le meilleur de l'épicerie fine bretonne.

Ajouter les plus beaux produits frais bretons.

Déguster.

Steven
épicier
la passion
de l'épicerie fine
bretonne

René
cultivateur
la passion
du bon légume

J'ai écrit ce livre de recettes autour de l'épicerie fine bretonne pour trois raisons principales.

La première est simple : des produits d'une telle qualité gustative ne peuvent pas laisser indifférents des cuisiniers ou des gourmets !

La deuxième est plus personnelle : cette épicerie fine est sous utilisée dans notre cuisine régionale et pourtant, elle permet de cuisiner de nombreuses recettes originales, simples et savoureuses !

La troisième est une constatation : les bretons sont des grands voyageurs mais ils sont aussi très attachés à leurs racines ! L'épicerie se conserve, voyage et permet ainsi de " manger breizh " n'importe où dans le monde... et ça, c'est vraiment " trop mad " !

Nathalie Beauvais *

MIEL DE
BRETAGNE
FLEURS SAUVAGES
armorique
SARRASIN
AB
Traou Mad
De Pont-Aven
Traou Mad
De Pont-Aven
Crème de Salidou
Caramels Bretons
au beurre salé
Cuisine de famille
1906
Larzul
Fleur de Sel
SEL DE GUÉRANDE
Chouchen
d'ARMORIQUE
hydromel fermier
FINE
BRETAGNE
haviorig
Raphalen
SARDINES
CONNÉTABLE
Huile d'Olive
+20%
GRATUIT
LA QUIBERONNAISE
Sardines à l'huile d'arachide
Sardines
à l'huile d'arachide
Le Pâté Hénaff
Le Pâté Hénaff
Le Pâté Hénaff
Série limitée 100 ans Hénaff
PÂTÉ DE PORC HÉNAFF
ne contient que du Porc pur
THON
GERMON
CONNÉTABLE
THON
véritable
GERMON
Thon Blanc au Naturel
CONNÉTABLE
CONNÉTABLE
Foie de Lotte
FARINE
DE SARRASIN
Moulin
de Sebrel
Jus de Pomme
FARINE
DE SARRASIN
Moulin
de Sebrel
CRÈME
D'AVOINE

Les recettes bretonnes trop mad*
de Nathalie Beauvais
avec

* *trop* sans être excessif / ***mad*** comme
bien & bon (mat) en breton,
voire même fou pour le reste du monde !

trop mad la farine bretonne !

trop sans être excessif / ***mad*** comme
bien & bon (mat) en breton,
voire même fou pour le reste du monde !

Louis
grand amateur de
farz à la farine
de blé noir

La farine d'avoine ou la crème d'avoine

La crème d'avoine est, en fait, une farine d'avoine pré-cuite. Elle est d'aspect comparable à une farine de blé et se comporte en cuisson à peu près comme cette dernière.

Elle possède un léger goût de noisette torréfiée et, bien que l'avoine ait une réputation de céréale plutôt roborative et ne faisant pas dans la légèreté (le porridge !), mes trois recettes vous surprendront par leur légèreté.

Par contre, ne pas confondre la bouillie d'avoine et la crème d'avoine. La bouillie est une préparation typiquement bretonne à base de crème d'avoine. Sa confection est un peu compliquée car elle demande une très longue cuisson et donc une grande surveillance. C'est pour cette raison que nous la trouvons toute faite au rayon crémerie dans la plupart des marchés bretons.

Elle se prépare souvent coupée en tranches fines et frites dans du beurre jusqu'à ce qu'elles deviennent légèrement croustillantes.

La farine de blé noir ou sarrasin

Tout d'abord, précision importante, le sarrasin et le blé noir, c'est la même chose et si vous voulez la traduction en breton, c'est "ed du".

La Bretagne est de loin la première région française à utiliser le blé noir dans sa cuisine. Bien sûr, surtout dans ses crêpes ou galettes, mais il existe beaucoup d'autres solutions pour mettre en valeur cette farine goûtée, même si elle n'est pas panifiable.

Toutefois, méfiez-vous de la qualité. Il vous suffira de lire l'étiquette du paquet de farine pour vous assurer que la farine n'est pas d'importation. Et si en plus, elle est bio et bretonne, ce ne sera que mieux !

La pâte à galette

Préparation **10 min**
Cuisson **30 min**
Difficulté **+** + + +
Coût **€** € € €

Pour une bonne **vingtaine** de galettes

500 g de *farine de blé noir*
1 œuf
60 g de farine de froment
10 g de gros sel gris de Guérande
1,2 litre d'eau
(plus si la pâte est trop épaisse)
beurre

Fabrication de la pâte > Dans un saladier, verser les farines et le sel. Mélanger et former une fontaine. Casser au centre l'œuf. Mélanger doucement au fouet en ajoutant l'eau petit à petit. Mélanger la pâte jusqu'à ce qu'elle soit onctueuse. La battre ensuite avec une spatule pendant 10 min pour que la pâte devienne plus légère. Laisser reposer la pâte 1 h.

Cuisson des galettes > Dans une poêle anti-adhésive chaude, verser une noisette de beurre et une petite louche de pâte. Etaler la pâte le plus rapidement et le plus finement possible. Retourner la galette dès que ses bords commencent à colorer et la laisser cuire jusqu'à ce qu'elle soit légèrement dorée des deux côtés.

Exemple de dressage > Beurrer chaque galette encore tiède. Disposer une tranche de jambon blanc par dessus. La rouler et la découper en petits rouleaux avec un couteau à pain. Servir en apéritif… avec une bolée de cidre !

L'idée de Nathalie

> Arriver au même résultat qu'une crêpière ou un crêpier qui a plusieurs années de métier, ce n'est pas évident, voire impossible !… Alors cette recette permet surtout de bien retrouver le **goût du blé noir** en bouche, de manger avec les mains et de pouvoir clamer haut et fort : " c'est moi qui l'ai faite " !

L'accord vin d'Arnaud

> L'accord sera à adapter en fonction de l'accompagnement. On peut remarquer les notes rustiques et fumées du blé noir qui supportent parfois des **vins un peu plus racés**. Mais si vous voulez " manger Breizh ", un **bon cidre brut**, bien sûr ! c'est trop Mad !

Les galettes de blé noir et pommes de terre

Préparation	**20 min**
Cuisson	**20 min**
Difficulté	**+** + + +
Coût	**€** € € €

Pour **20** galettes

- 50 g de *farine de blé noir*
- 50 g de farine de froment
- 750 g de pommes de terre (type Charlotte)
- 4 œufs
- 4 blancs d'œufs
- 350 g de crème fraîche
- 50 g de beurre
- sel, gros sel gris de Guérande

Préparation de la pâte > Eplucher et laver les pommes de terre. Les cuire dans de l'eau salée, départ eau froide. Prolonger la cuisson à petite ébullition et à couvert pendant 30 min. Bien les égoutter une fois cuites et les écraser à la fourchette ou au presse purée. Verser cette purée dans un saladier. Y ajouter les œufs entiers un par un en mélangeant à la spatule de façon énergique. Puis incorporer dans l'ordre blancs d'œufs, farines et crème fraîche. Saler.

Cuisson > Dans une grande poêle moyennement chaude, verser une noisette de beurre puis des petites louches de pâte espacées de façon à former plusieurs galettes. La pâte ne doit pas trop s'étaler. Laisser cuire doucement jusqu'à ce que les ronds de pâte dorent légèrement. Les retourner et prolonger la cuisson jusqu'à ce qu'ils soient bien dorés des deux côtés. Réserver au chaud.

L'idée de Nathalie

> Ces galettes peuvent remplacer les blinis mais elles sont aussi très bonnes avec du ***boudin grillé*** *et dans un registre bien différent, n'hésitez pas à les marier avec une fricassée de* ***coquilles Saint-Jacques****. Mais aussi, seules avec une bonne* ***salade verte****, c'est très sympa !*

L'accord vin d'Arnaud

> Adouci par la pomme de terre, le sarrasin exprime ses parfums en douceur. On préférera un ***vin pas trop corsé*** *pour ne pas masquer les notes florales du blé noir : vin blanc ou vin rouge suivant la garniture choisie. Balle au centre : un bon* ***cidre fermier****, trop mad !*

Les blinis au sarrasin

Préparation **10 min**
Cuisson **20 min**
Difficulté **+**
Coût **€**

Pour une **douzaine** de blinis

30 g de farine de blé noir
60 g de farine de froment
50 g de beurre
2 œufs
1 yaourt nature
sel

Préparation de la pâte > Dans un saladier, verser les farines et 2 belles pincées de sel. Les mélanger et en faire une fontaine. Y verser le yaourt et les deux jaunes d'œufs. Fouetter doucement le yaourt et les jaunes en leur incorporant petit à petit les farines. Mélanger jusqu'à l'obtention d'une pâte bien lisse. Battre les deux blancs d'œufs en neige à l'aide d'un fouet électrique. Les incorporer à la pâte délicatement à l'aide d'une spatule.

Cuisson > Dans une grande poêle moyennement chaude, verser une noisette de beurre et ensuite des petites louches de pâte espacées de façon à former plusieurs blinis. La pâte ne doit pas trop s'étaler. Laisser cuire doucement jusqu'à ce que les ronds de pâte dorent légèrement. Les retourner et prolonger la cuisson jusqu'à ce qu'ils soient bien dorés des 2 côtés. Réserver au chaud.

L'idée de Nathalie

> C'est bien sûr excellent avec du ***saumon fumé*** *et de la* ***crème fraîche battue****... Mais quelques blinis, une bonne* ***compote de pommes tièdes*** *et quelques tranches d'****andouille de Guémené/Scorff****, c'est aussi très bon !*

L'accord vin d'Arnaud

> Adaptez le vin avec le produit qui l'accompagne car le blinis en lui-même est assez fin et ne sera pas l'élément dominant. On privilégiera un ***vin léger assez fin*** *ou un* ***Royal Guillevic*** *à coup sûr ! (pour ce dernier voir page 112)*

Le farz cuit dans la potée de légumes

Préparation **1 h**
Cuisson **1 h 45 min**
Difficulté **+** + + +
Coût **€** € € €

Pour **8** personnes

Le bouillon :
700 g de carottes
2 kg de pommes de terre
700 g de navets
500 g de rutabagas
1 botte de poireaux
200 g d'oignons
2 branches de céleri
2 clous de girofle
gros sel gris de Guérande

Le farz :
500 g de *farine de blé noir*
4 œufs
10 g de gros sel gris de Guérande
20 cl de crème fraîche
1 litre de lait
100 g de beurre fondu
80 g de raisins secs
1 sac de toile (ou un torchon en toile épaisse cousu en sac)
ficelle de boucher

Préparation du bouillon > Eplucher les carottes, les pommes de terre, les navets, les rutabagas et les oignons. Laver tous les légumes sous l'eau. Retirer les verts très foncés des poireaux et les lier avec de la ficelle, en botte. Placer tous les légumes et les clous de girofle dans une grande cocotte. Y verser une petite poignée de gros sel et mouiller le tout avec de l'eau froide (pas tout à fait jusqu'en haut de la cocotte car il faut laisser la place au farz !).
Placer la cocotte couverte sur un feu vif et monter le tout à l'ébullition. Baisser le feu et laisser frémir à couvert les légumes 15 min. Pendant ce temps préparer le farz.

Préparation du farz > Dans un grand saladier, verser la farine et le gros sel. Mélanger et former une fontaine. Y ajouter au centre les œufs et la crème. Mélanger le tout doucement au fouet en ajoutant petit à petit le lait, le beurre fondu et les raisins secs.
Verser cette pâte dans le sac (il ne doit pas être complètement plein car la pâte va gonfler) et le fermer à l'aide d'une ficelle de boucher. Le disposer dans le bouillon aux légumes et laisser cuire le tout à couvert à petits frémissements pendant 1 h 30.

Dressage > Retirer le sac du bouillon et en sortir délicatement le farz. Le laisser reposer 5 min sur un joli plat avant de le découper en tranches. Pendant ce temps, partager les légumes dans des assiettes creuses en les nappant de bouillon. Servir à côté le farz et, pour les gourmands, un peu de beurre demi-sel.

L'idée de Nathalie

> Un kig ha farz sans viande, ce n'est plus un kig ha farz… Mais cette fois-ci, mon côté " diététique " et " amoureuse des légumes " l'a remporté face au côté " respect des recettes traditionnelles bretonnes ".
> La ***confiture d'oignons au vinaigre de cidre*** *se marie très bien avec le farz. Si vous n'avez pas le temps de la cuisiner, proposez juste une* ***fondue d'oignons*** *compotée dans du beurre.*

L'accord vin d'Arnaud

*> L'****eau de Plancoët*** *en sera le meilleur complice pour apprécier les saveurs des légumes, du farz et de son bouillon.*
> Un bon ***cidre fermier*** *assez rond et fruité serait aussi un choix naturel bien adapté ! Restons " régional " pour apprécier les produits du pays et " manger Breizh " jusqu'au bout !*

Le farz salé aux épinards

Préparation **30 min**
Cuisson **50 min**
Difficulté **+**
Coût **€**

Pour **10** personnes

100 g de farine de blé noir
150 g de farine de froment
30 g de sucre
5 œufs
70 cl de lait
30 cl de crème fraîche
40 g + 10 g de beurre
1 kg d'épinards
300 g d'oignons
sel, poivre

Préparation de la fondue d'épinards > Retirer les queues d'épinards. Laver les feuilles à plusieurs eaux jusqu'à ce que l'eau soit claire. Les essorer et les émincer grossièrement. Eplucher et laver les oignons. Les émincer. Dans une cocotte, verser le beurre et y laisser étuver les oignons pendant 10 min. Ajouter ensuite les épinards. Cuire doucement le tout à couvert jusqu'à ce que les épinards soient bien tombés et tendres (environ 15 min). Beurrer un grand moule à gratin et verser la fondue d'épinards dans le fond du plat. Réserver.

Préparation de la pâte du farz > Préchauffer le four à 220° (th. 7). Dans une casserole, verser le lait et la crème et monter le tout à ébullition.
Pendant ce temps-là, dans un saladier, mélanger les farines, le sucre et dix pincées de sel. En faire une fontaine. Y casser les œufs et les mélanger au fouet en les incorporant petit à petit à la farine. Y ajouter ensuite, tout en fouettant et petit à petit, le lait crémé bouillant. Mélanger le tout de façon énergique afin d'obtenir une pâte sans grumeau.

Cuisson > Verser la pâte sur la fondue d'épinards. Glisser le plat dans un four à 220° (th. 7) et laisser cuire ainsi 15 min, puis, à 180° (th. 6), durant 35 min.

L'idée de Nathalie

*> Déguster tiède avec une **salade verte** ou une **viande rouge** grillée ou rôtie. C'est aussi très bon avec un petit bout de **lard rôti**. Le farz est très nourrissant.*

L'accord vin d'Arnaud

*> **L'accompagnement de votre farz** déterminera plus précisément votre vin. On choisira plutôt un **vin rouge avec un assemblage de cépages** comme par exemple dans la Loire (Cabernet Franc, Côt. Pinot Noir, Gamay...) en Cheverny, en Fiefs Vendéens de Mareuil ou de Brem. Si votre Farz accompagne un **poisson**, vous irez vers un **vin blanc floral** voire un peu structuré par un élevage léger en fût : Chardonnay (Bourgogne), Chenin de la Loire (Anjou, Saumur, Vouvray).*
*Là encore, le **cidre** du pays sera peut-être l'accord le plus naturel et le meilleur pour " Manger Breizh " !*

Les financiers au blé noir

Préparation **10 min**
Cuisson **20 min**
Difficulté **+** + + +
Coût **€** € € €

Pour une **douzaine** de financiers

55 g de *farine de blé noir*
150 g + 10 g de beurre
85 g de poudre d'amande
160 g de sucre glace
150 g de blancs d'œufs
(soit 4 ou 5 blancs d'œufs)

Préchauffer le four à 180°, th 6.

Préparation de la pâte > Mettre le beurre dans une casserole et le faire cuire jusqu'à ce qu'il commence juste à dorer (il va prendre un goût de noisette). Le filtrer dans une passoire et réserver.
Dans un saladier, fouetter les blancs d'œufs avec le sucre glace. Incorporer toujours au fouet la poudre d'amande, la farine de blé noir et enfin le beurre " noisette ". La pâte doit être bien lisse.

Cuisson > Beurrer des moules à financier (petits moules rectangulaires) ou des moules à gâteaux (l'important est de verser la pâte sur juste 1,5 cm de hauteur).
Glisser les moules au four pendant 20 à 25 min. Les démouler à la sortie du four et les laisser refroidir.

L'idée de Nathalie

> *Très agréables avec un **café ou un thé**… voire même avec une coupe de Champagne !*

L'accord vin d'Arnaud

> *Nathalie a déjà presque tout dit !… mais à la place du **Champagne**, un **Crémant** pourrait bien sûr faire l'affaire, mais un cidre doux… et surtout **mon cidre préféré, le " Royal Guillevic "**, c'est le top !*

Le pain au miel et à l'avoine

Préparation **15 min**
Cuisson **1 h**
Difficulté **+**
Coût **€**

Pour **1** pain

300 g de *farine d'avoine*
150 g de sucre roux
15 cl de lait
3 cuil. à soupe bombées de miel
1 cuil. à café rase de bicarbonate de soude
3 œufs
100 g de beurre

Préchauffer le four à 180°, th 6.

Préparation > Dans un saladier, verser la farine, le sucre et le bicarbonate de soude. Bien mélanger. Faire une fontaine. Verser le lait, le miel et les incorporer petit à petit à la farine-sucre-bicarbonate tout en mélangeant énergiquement à la spatule. La pâte doit devenir homogène. Ajouter les œufs et le beurre fondu et bien mélanger à nouveau. Réserver.

Cuisson > Beurrer et fariner un moule à cake et verser la pâte. Glisser le pain dans le four (180°, th. 6) et laisser cuire 1 h. Démouler à la sortie du four et le laisser refroidir avant la dégustation.

L'idée de Nathalie

> La recette m'a été transmise par Catherine, ma belle-mère. Elle le prépare très souvent et tout le monde adore ! Simplement, elle utilise de la farine de froment à la place de la crème d'avoine… mais je vais peut-être réussir à la convertir à ma recette !

> Ce pain ***se conserve quelques jours sans problème*** *et vous pouvez alors le confectionner et l'offrir en cadeau quand vous êtes reçus chez des amis.*

L'accord vin d'Arnaud

> Le choix d'un ***thé*** *me paraît le plus approprié, à moins que vous préfériez un* ***bon café****, un Moka Harrar d'Ethiopie ou un café du Mexique, qui reste léger.*

Le quatre-quarts à l'avoine marbré au chocolat

Préparation **15 min**
Cuisson **40 min**
Difficulté **+** + + +
Coût **€** € € €

Pour **8** personnes

- 200 g de *crème d'avoine*
- 200 g de sucre
- 200 g de beurre
- 1 cuil. à café bombée de levure chimique
- 3 gros œufs
- 80 g de chocolat noir (65% de cacao)

Préchauffer le four à 180°, th 6.

Préparation > Dans une grande jatte, verser la farine, le sucre et la levure. Bien mélanger et former une fontaine. Casser les œufs dans la fontaine et les mélanger au fouet en y incorporant petit à petit le mélange farine-sucre-levure.

Faire fondre le beurre et l'incorporer à la pâte tout en continuant à bien fouetter. La pâte doit être bien homogène. Partager la pâte dans deux saladiers et réserver.
Casser le chocolat en petits morceaux et le faire fondre doucement (au bain-marie ou au micro-ondes). Incorporer le chocolat fondu dans une des deux moitiés de pâte. Bien mélanger.
Beurrer et fariner un moule à cake. Verser de grosses cuillerées de pâte en intercalant la pâte au chocolat et la pâte nature jusqu'à épuisement des pâtes.

Cuisson > Glisser dans le four (180°, th. 6) et laisser cuire pendant 40 min.

Dressage et dégustation > Démouler le gâteau à la sortie du four et le laisser légèrement refroidir. Le couper en tranches et le servir avec une crème anglaise pour un dessert. Il se marie aussi très bien avec une tasse de café ou de thé.

L'idée de Nathalie

> *Si vous possédez un* ***moule à madeleines****, n'hésitez pas à l'utiliser, vous obtiendrez ainsi des madeleines moelleuses et marbrées.*

L'accord vin d'Arnaud

> C'est un dessert de " goûter " avec les enfants : un **bon jus de pomme fermier** bien frais, c'est trop Mad ! Si vous ne connaissez pas de producteur, il faut que je vous présente Anne et Eugène, nos amis de Guidel.

Le crumble à l'avoine, poire et chocolat

Préparation	**30 min**
Cuisson	**40 min**
Difficulté	**+**
Coût	**€**

Pour **6** personnes

130 g de *farine d'avoine*
120 g de beurre (froid et dur)
120 g de cassonade
40 g de pépites de chocolat
½ cuil. à café de cannelle en poudre
2 kg de poires
700 g de pommes

Préchauffer le four à 185° (th. 6)

Préparation de la pâte à crumble > Dans un saladier, mélanger la farine, le sucre, la cannelle et les pépites de chocolat. Couper le beurre en petits dés et le mélanger aux autres ingrédients. La pâte doit devenir sableuse. Réserver au frais.

Préparation des fruits > Eplucher les fruits. Les couper en deux et les épépiner. Les tailler en petits dés et les verser dans un plat à gratin. Répartir la pâte à crumble par dessus.

Cuisson > Glisser le plat au four (185°) pendant 40 minutes. Sortir le plat du four et le laisser légèrement refroidir avant la dégustation.

L'idée de Nathalie

*> Ce crumble se marie très bien avec une **glace à la vanille**, une **crème chantilly** et pourquoi pas, une **sauce au chocolat**.*

L'accord vin d'Arnaud

*> Un **cidre doux** et bien sûr le " Royal Guillevic " seront très agréables, mais encore plus adapté, le " **Poiré** ". C'est une boisson effervescente identique au cidre mais élaborée avec des " poires à Poiré " dont la plus connue est la " Plant de blanc ". Nos amis les Normands de l'Orne et de la Manche en sont les principaux producteurs… mais on en trouve aussi " par chez nous ", en Bretagne !*

trop mad la conserve bretonne !

trop sans être excessif / ***mad*** comme
bien & bon (mat) en breton,
voire même fou pour le reste du monde !

Nathan

futur grand navigateur
remercie les conserveries bretonnes
et son orthodontiste

Le pâté Hénaff

Combien de fois je me suis dit : *"mais qu'est-ce que c'est pratique le pâté Hénaff ! "*. Des invités "surprises" à l'apéro... et hop ! des toasts au pâté Hénaff. Un pique-nique prévu à la dernière minute... et hop ! un casse-croûte au pâté Hénaff. Un retour de vacances, de week-end… et plus rien dans le frigo... et hop ! des pommes de terre chaudes et du pâté Hénaff.

Et puis, dans ma jeunesse, un petit porte-monnaie et peu de moyens techniques pour cuisiner, le pâté Hénaff/spaghetti me rappellent de bons souvenirs ! Et, j'allais oublier, mais dixit mon père (le marin de la famille), le pâté Hénaff fait toujours partie des vivres sur le voilier !

Le thon au naturel et le thon à l'huile

Le thon en boîte peut être cuisiné de multiples façons et être mis en valeur de manière très originale.

Mais avant tout, il faut savoir choisir son thon en boîte. Le top du top est le thon blanc "Germon" péché dans l'Atlantique nord et stérilisé dans une bonne conserverie bretonne.

Cependant, le thon "Albacore", s'il est cuisin- dans les règles de l'art avec une huile de bonne qualité (huile d'olive vierge extra), est aussi succulent et un peu moins cher. Evitez cependant les miettes de thon qui perdent en qualité de texture et de goût.

Les sardines à l'huile

Un grand merci à toutes les conserveries bretonnes qui ont tout d'abord découvert et ensuite maintenu tout au long du 20ème siècle ce trésor de boîte ! Elles ont marqué l'économie bretonne au travers de leur commerce et de leurs hommes.

Personnellement, en tant que cuisinière, je peux vous affirmer que cette recette est un véritable miracle… presque comparable à une superbe bouteille de vin !

La preuve, quand on discute "sardine à l'huile", on parle de "millésime", de lieu de pêche (l'appellation), de producteur ou de conserverie (le viticulteur)… et de dégustation !

Les maquereaux au vin blanc

Et encore une recette qui se prête bien à la conserve. Mais là aussi, faites attention d'acheter des boîtes provenant d'une conserverie artisanale n'utilisant pas de procédés chimiques pour traiter les maquereaux. Le poisson restera bien moelleux sans être gras et la recette propre à chaque conserverie sera équilibrée entre le vin blanc, le vinaigre et les aromates.

Lou
bretonne
gastronome
et moderne

La soupe de poisson et bisque

Les soupes de légumes en conserve, ce n'est pas trop mon truc, par contre une bonne soupe de poisson bretonne, là j'en redemande !... C'est la solution miracle quelle que soit la saison pour une entrée de qualité et rapide d'exécution. Il vous suffit de prévoir des croûtons et du gruyère râpé...

Maintenant, si vous voulez jouer futé, transformez cette soupe en sauce : je vous assure un succès total !

Le confit de noix de Saint-Jacques

Rien que la composition me met l'eau à la bouche : noix de Saint-Jacques, beurre frais (Le Gall à Quimper), pain, oignons, sel et poivre. Ce n'est pas vraiment régime mais c'est trop bon pour rester diététiquement correct. La recette reste la même depuis 1893 et sa fabrication est très artisanale.

Le confit est souvent utilisé pour faire des coquilles farcies ou des petits feuilletés.

Après de superbes vacances en Italie, je vous propose une recette italo-bretonne (... et ce n'est pas une pizza à la coquille Saint-Jacques !) dont vous me donnerez des nouvelles !

Le foie de lotte cuit au naturel

Le foie de lotte a un goût particulier et ne plaît pas à tout le monde, alors un conseil, ne l'imposez pas à vos invités si vous ne connaissez pas trop leurs goûts. Par contre, quand on aime, on ne compte pas... et en plus, il paraît que c'est bon pour la santé !

L'haviorig

C'est une préparation à base d'œufs de poisson souvent utilisée dans la préparation des toasts. Son goût se rapproche de celui des crustacés et sa consistance granuleuse demande à ce qu'il soit mélangé à du beurre, à de la crème,... pour le rendre plus agréable au palais. Si vous ne le connaissez pas, il mérite le détour !

La tartine au pâté Hénaff et à la mozzarella

Préparation **10 min**
Cuisson **5 min**
Difficulté **+**
Coût **€**

Pour une **vingtaine** de croûtons

1 boîte de pâté Hénaff
(boîte de 156 g)
2 boules de mozzarella
(250 g égoutté)
1 baguette de campagne

Préchauffer le four sur la position " grill ".

Préparation > Trancher la baguette en rondelles. Griller les des deux côtés au four sur la position " grill ". Réserver.
Découper la mozzarella en tranches ainsi que le pâté Hénaff. Disposer sur chaque moitié du croûton un morceau de mozzarella et sur l'autre moitié un morceau de pâté Hénaff. Procéder de la même façon sur tous les croûtons. Glisser au four sur la position " grill " et laisser très légèrement gratiner la préparation (5 min). Servir aussitôt en apéritif.

L'idée de Nathalie

> Si vous vivez en Bretagne, vous pouvez remplacer la mozzarella par de la ***tomme de Timadeuc****, ce sera plus goûté mais un peu plus nourrissant.*
> Si vous voulez déguster ces toasts en entrée, servez-les avec une ***salade verte****, comme une salade avec des toasts au chèvre chaud.*

L'accord vin d'Arnaud

> Un ***vin rouge fruité léger*** *: un Grolleau, un Gamay, un Pinot Noir ou un Pineau d'Aunis en Loire (en vin rosé).*
> On peut aussi aller en ***Alsace*** *chercher le Pinot Noir, ou le Gamay en* ***Beaujolais****.*

Le cake au pâté Hénaff et à la sauge

Préparation	**30 min**
Cuisson	**45 min**
Difficulté	+
Coût	€

Pour **8** personnes

1 boîte de pâté Hénaff
(boîte de 156 g)
220 g de farine
4 œufs
180 g de beurre
10 cl de cidre
1 paquet de levure chimique
8 pincées de sel
4 tours de moulin à poivre
8 feuilles de sauge ciselées finement
80 g de gruyère râpé
1 pomme coupée en petits dés

Préchauffer le four à 180° C (th. 6).

Préparation > Dans un saladier, mélanger la farine, la levure, le sel et le poivre. Les disposer en fontaine et y casser les œufs. Mélanger doucement au fouet et incorporer petit à petit le cidre puis le beurre fondu. Mélanger à la spatule le gruyère râpé, la pomme, le pâté Hénaff émietté et enfin la sauge ciselée. Verser la pâte dans un moule à cake beurré et fariné (ou dans des moules à cake individuels). Glisser au four (180°, th. 6) pendant 45 min. Démouler le cake à la sortie du four. Le déguster tiède ou froid.

L'idée de Nathalie

> Si vous avez un pique-nique à organiser, ce cake peut être une solution. Vous me direz, le pâté " Hénaff " se suffit à lui-même avec de bonnes tartines de pain… Mais accompagné de bâtonnets de carotte ou de concombre, de tomates " cerise ", de tranches de melon…, mon cake aura son effet !

L'accord vin d'Arnaud

*> Un bon **cidre fermier** assez rond et fruité ! C'est bien à propos pour " manger Breizh ! ".*
*> Autrement, un **rouge léger et fruité,** comme un Gamay d'Anjou ou de Touraine.*

Le Parmentier au pâté Hénaff

Préparation	**40 min**
Cuisson	**15 min**
Difficulté	**+** + + +
Coût	**€** € € €

Pour **4** personnes

La garniture :

2 boîtes de *pâté Hénaff*
(1 boîte de 156 g + 1 de 78 g)
200 g d'oignons
150 g de carottes
1 gousse d'ail
15 g de beurre
½ botte de persil
5 cl de lait

La purée :

1 kg de pommes de terre
(type Charlotte)
100 g de beurre
35 cl de crème fraîche

Préparation de la garniture > Eplucher et laver les oignons, les carottes et l'ail. Couper le tout en gros dés et le hacher au mixeur électrique.
Dans une cocotte, faire fondre le beurre et ajouter le hachis de légumes. Laisser étuver à couvert avec un petit verre d'eau pendant 20 min. Retirer le couvercle et laisser réduire le liquide jusqu'à ce qu'il ne reste que 2 cuillerées à soupe de jus.
Ajouter le pâté Hénaff en l'émiettant et laisser le tout étuver doucement pendant 5 min. Ajouter le persil effeuillé et réserver.

Préparation de la purée de pommes de terre > Cuire les pommes de terre en robe des champs (à l'eau salée avec la peau). Les éplucher une fois cuites et les écraser dans la crème bien chaude à l'aide d'un presse-purée (ou à défaut d'une fourchette). Ajouter le beurre mou en petits morceaux, bien mélanger en soulevant la purée. Rectifier l'assaisonnement et la réserver au chaud.

Montage du Parmentier et cuisson > Dans un plat à gratin, étaler la garniture Hénaff et la recouvrir avec la purée. Napper le tout avec un petit peu de lait. Glisser au four à 200° (th. 6-7) et laisser cuire 15 min. Servir le Parmentier avec une belle et bonne salade verte.

L'idée de Nathalie

*> Vous pouvez rajouter du **céleri** dans la purée et un peu de **sauge** ciselée dans le hachis. Les deux se marient très bien avec le porc et donc le pâté Hénaff !*

L'accord vin d'Arnaud

*> Un Bergerac, un Pecharmant, un Gaillac ou un Fronton seront des **vins rouges fruités** légèrement structurés harmonieux.*

Les lasagnes au pâté Hénaff

Préparation **45 min**
Cuisson **30 min**
Difficulté **+** + + +
Coût **€** € € €

Pour **6** personnes

2 boîtes de pâté Hénaff
(2 boîtes de 156 g)
9 feuilles à lasagne
75 cl de lait
45 g de farine
45 g de beurre
200 g de gruyère râpé
200 g d'oignons
1 kg de tomates
5 cl d'huile d'olive
1 bouquet garni
(thym, laurier et queues de persil)
sel, poivre

Préparation de la sauce tomate > Eplucher, laver et ciseler le plus finement possible les oignons. Retirer le pédoncule des tomates, les plonger 20 sec. dans de l'eau bouillante, les monder, les couper en deux, les épépiner et les hacher grossièrement.
Dans une cocotte, faire fondre les oignons dans l'huile d'olive pendant 5 min. Ajouter la chair des tomates, le bouquet garni, le sel et le poivre. Bien mélanger et laisser cuire doucement à découvert jusqu'à ce que la sauce soit épaisse (40 min). Retirer le bouquet garni et réserver.

Préparation de la béchamel > Dans une casserole, faire fondre le beurre. Ajouter la farine et bien mélanger sur un feu doux pendant 5 min. Ajouter le lait froid et fouetter le tout jusqu'à la reprise de l'ébullition. Assaisonner et laisser cuire sur un feu doux pendant 10 min pour épaissir la sauce. Fouetter régulièrement la sauce de façon à ce qu'elle ne s'attache pas au fond de la casserole. Réserver.

Montage des lasagnes > Partager la sauce béchamel en 4. Partager la sauce tomate en 4. Dans un plat à gratin, étaler le premier quart de la sauce béchamel. Disposer ensuite 3 feuilles à lasagne. Puis étaler une couche de sauce tomate, la première boîte de pâté Hénaff émietté, le deuxième quart de béchamel et 70 g de gruyère. Re-disposer ensuite 3 feuilles à lasagne et recommencer la même opération. Disposer pour finir les trois dernières feuilles à lasagne, napper avec le reste de béchamel et de gruyère. Glisser au four à 180° (th. 6) pendant 30 min.

L'idée de Nathalie

> *Présenter le plat au milieu de la table et servir avec une belle et bonne* ***salade verte****.*
> *Si vous êtes des gros mangeurs, prévoyez cette recette pour 3 et non pour 6.*
> *Je vais peut-être effrayer les " puristes " des lasagnes, mais je vous assure, c'est* ***très bon*** *et beaucoup* ***plus rapide à cuisiner*** *qu'avec une vraie sauce à la viande.*

L'accord vin d'Arnaud

> *Un* ***vin rouge fruité*** *: Gamay, Grolleau, Pinot Noir sont des cépages à privilégier dans les vins frais. Pour un vin tempéré, recherchons plutôt des Merlot en Côtes de Castillon, Saint-Emilion, Lalande de Pomerol.*

Les croustillants de thon aux verts de blettes

Préparation **30 min**
Cuisson **20 min**
Difficulté **+** + + +
Coût **€** € € €

Pour **16** croustillants

2 boîtes de *thon au naturel* (2x132 g)
1 cuil. à soupe rase de raz el hanout
500 g de pommes de terre
100 g d'oignons
¼ de botte de blettes (les côtes ne sont pas utilisées dans cette recette)
1 œuf et 1 jaune d'œuf
15 g de beurre
huile d'olive (pour la friture)
8 feuilles de pâte à brik

Préparation des légumes > A l'aide d'un couteau, retirer les côtes des feuilles de blettes. Nettoyer les feuilles et les essorer comme une salade. Les émincer finement. Eplucher, nettoyer et émincer finement les oignons. Eplucher et nettoyer les pommes de terre. Les cuire à l'eau salée, départ eau froide, puis à petite ébullition, à couvert pendant 30 min. Les égoutter et les réserver au chaud.

Préparation de la farce > Dans une casserole, faire suer les oignons dans le beurre. Après 5 min de cuisson, ajouter les feuilles de blettes et laisser étuver doucement à couvert pendant 15 min. Les feuilles doivent avoir perdu leur eau de végétation. Assaisonner avec le raz el hanout et retirer du feu. Ecraser les pommes de terre cuites à la fourchette et les ajouter à la préparation. Bien mélanger en ajoutant l'œuf et le thon égoutté émietté.
Rectifier l'assaisonnement et réserver.

Confection des croustillants > Couper chaque feuille de brik en deux.
Plier chaque demi-feuille en deux sur sa longueur. Placer une cuillerée à soupe de farce au bas de la bande obtenue et la replier en forme de triangle. Continuer le pliage en rabattant ce dernier à angle droit et ainsi de suite jusqu'au bout de la bande. Fermer le triangle en enfilant l'extrémité dans le dernier pli et en utilisant un peu de jaune d'œuf pour coller.

Cuisson > Faire chauffer l'huile (2 cm de hauteur) dans une poêle. Y plonger les croustillants un par un et les faire frire jusqu'à ce qu'ils soient dorés des deux côtés. Servir bien chaud avec des quartiers de citron.

L'idée de Nathalie

*> Cette recette est fortement inspirée des **briks d'Afrique du Nord** et c'est presque aussi bon que là-bas ! Vous pouvez remplacer les blettes par du **persil ou des épinards**, voire même un peu d'oseille.*

L'accord vin d'Arnaud

*> Un **vin blanc assez riche et aromatique** : un Pinot Gris ou un Gewurztraminer d'Alsace, un Languedoc ou un Pacherenc sec.*

La tarte au thon, poireaux et curry

Préparation **40 min**
Cuisson **40 min**
Difficulté **+** + + +
Coût **€** € € €

Pour **4** personnes

La pâte brisée :
(1 plat à tarte de 26 cm Ø)
200 g de farine
100 g de beurre
environ 12 cl d'eau

La garniture :
1 boîte de *thon au naturel*
(132 g)
2 poireaux
15 g de beurre
2 œufs entiers et 2 jaunes d'œuf
25 cl de crème fraîche
1 cuil. à café bombée de curry
50 g de gruyère râpé
sel, poivre

Préparation de la pâte brisée > Dans un saladier, faire une fontaine avec la farine. Mettre le beurre froid coupé en petits morceaux au centre. Mélanger le beurre et la farine avec les doigts de façon à ce que tous les grains de farine soient enrobés de beurre (il doit rester des petits morceaux de beurre dans la farine). Y incorporer l'eau froide en travaillant la pâte le plus rapidement possible jusqu'à l'obtention d'une boule. Laisser reposer la pâte au frais pendant 1 h.

Préparation de la garniture > Retirer les feuilles abîmées des poireaux. Ouvrir légèrement les poireaux en les entaillant sur la longueur avec la pointe d'un couteau. Les laver sous l'eau froide et bien les égoutter. Les émincer finement. Dans une cocotte, les faire étuver dans le beurre doucement et à couvert. Mélanger de temps en temps et stopper la cuisson quand les poireaux sont tendres (environ 20 min). Les débarrasser de la cocotte en les versant dans une passoire afin qu'ils puissent égoutter. Réserver.

Préparation de l'appareil à quiche > Dans un saladier, mélanger au fouet les œufs entiers, les jaunes, la crème fraîche, le curry, le sel et le poivre. L'appareil doit être bien homogène. Réserver.

Cuisson de la tarte > Préchauffer le four à 200° (th. 6-7). Etaler la pâte avec un rouleau et la disposer dans le moule à tarte. La recouvrir de papier aluminium lui-même recouvert de haricots secs ou lentilles (afin que la tarte ne gonfle pas en pré-cuisant). La glisser dans le four chaud (200°) pendant 20 min. Sortir le fond de tarte du four et retirer le papier alu avec ses lentilles ou haricots secs. Etaler sur le fond de tarte les poireaux égouttés, le gruyère râpé et le thon émietté et égoutté. Verser la crème aux œufs et glisser la tarte au four à température moyenne (180°, th. 6) pendant 30 min.

L'idée de Nathalie

*> Déguster la tarte tiède en apéritif ou en plat, accompagnée d'une **salade verte** ou d'une salade d'**endives, pommes et noix**.*

L'accord vin d'Arnaud

*> Un **vin blanc plutôt floral** : un Pinot Gris d'Alsace, un Muscat sec Catalan, un Viognier sec en vin de pays.*

LO

Le concombre farci à la mousse de thon et origan

Préparation **20 min**
Difficulté **+** + + +
Coût **€** € € €

Pour **4** personnes

1 boîte de *thon au naturel* (132 g)
1 concombre
2 cuil. à soupe de crème fraîche
1 belle pincée d'origan
½ citron
sel, poivre

Préparation du concombre > Laver le concombre et l'éplucher une fois sur deux (le fait de laisser un peu de peau permet de mieux le digérer !). Le couper en deux dans le sens de la longueur. Retirer les pépins à l'intérieur à l'aide d'une petite cuillère. Saler et poivrer les moitiés de concombre et les laisser égoutter ainsi 1 h. (ce n'est pas indispensable mais conseillé, ainsi le concombre ne rendra plus d'eau une fois la recette terminée).

Préparation de la farce > Dans un saladier, verser le thon égoutté et émietté avec vos doigts. Le mélanger avec la crème, l'origan, le jus du demi citron, le sel et le poivre. Réserver le tout au froid.

Dressage > Disposer la farce au thon dans le creux des moitiés de concombre. Avec un couteau, tailler des tronçons de la grandeur d'une bouchée. Les disposer dans un joli plat de présentation.

L'idée de Nathalie

> *Une recette très simple à servir en* apéritif ou en entrée avec une bonne salade verte.

L'accord vin d'Arnaud

> *A l'**apéritif**, un **vin blanc moelleux** de Loire de la vallée du Layon ou de l'Aubance. Au repas en **entrée**, un **vin blanc plutôt fruité** : un Sauvignon, un Muscat d'Alsace, un Montlouis ou un Vouvray demi-sec.*

La terrine de thon et pommes de terre

Préparation **20 min**

Difficulté **+**

Coût **€**

Pour **8** personnes

2 boîtes de *thon à l'huile* d'olive (2x160 g)

600 g de pommes de terre (type Charlotte)

2 gousses d'ail

1 jaune d'œuf

1 cuil. à soupe de moutarde forte

1 cuil. à soupe de vinaigre de cidre

25 cl d'huile de tournesol (ou pépin de raisin)

sel, poivre

Préparation de la terrine > Eplucher et laver les pommes de terre et les gousses d'ail. Les cuire ensemble dans une casserole d'eau salée (départ eau froide) à petits frémissements. La cuisson va durer 30 min. Les égoutter en fin de cuisson et les remettre dans la casserole sur un feu doux pendant quelques secondes afin de bien les sécher. Ecraser les pommes de terre et l'ail au presse purée ou à la fourchette. Y ajouter le thon avec son huile et bien mélanger le tout.

Préparation de la mayonnaise > Dans un saladier, verser le jaune d'œuf, la moutarde, le vinaigre, le sel et le poivre. Mélanger au fouet et ajouter l'huile tout doucement (surtout au début pour faire prendre la mayonnaise) tout en fouettant. Dès que la mayonnaise commence à prendre, rajouter plus rapidement le reste de l'huile. Vérifier l'assaisonnement.

Finition de la terrine > Ajouter la mayonnaise à la purée au thon. Bien mélanger et rectifier l'assaisonnement si nécessaire. Filmer l'intérieur d'un moule à cake et y verser le mélange au thon. Bien filmer le dessus de la terrine et réserver au moins trois heures au frais. Démouler délicatement la terrine.

L'idée de Nathalie

*> Servir cette terrine accompagnée d'une **salade verte** et de **pain grillé**.*

L'accord vin d'Arnaud

*> Un **vin blanc fruité** : Sauvignon de la Loire, Muscadet assez rond, Pinot Blanc d'Alsace.*

La salade de pain et de thon au basilic

Préparation **30 min**
Difficulté **+**
Coût **€**

Pour **6** personnes

1 boîte de thon à l'huile d'olive (160 g)
300 g de pain de campagne rassis
700 g de tomates
200 g de haricots verts
50 g de petits oignons blancs nouveaux (ou échalotes)
1 botte de basilic
4 cuil. à soupe d'huile d'olive
1 cuil. à soupe de vinaigre balsamique (ou vinaigre de vin)

Préparation du pain > Couper le pain en gros dés (sans retirer la croûte), le verser dans un saladier et le mouiller avec deux verres d'eau. Le laisser ainsi tremper 10 min.
L'égoutter en le pressant avec les mains. L'émietter ensuite dans un grand saladier (qui servira pour le service).

Préparation des légumes > Effiler les haricots verts et les cuire 8 min. dans une grande casserole d'eau bouillante salée. Les égoutter et les refroidir aussitôt sous l'eau froide.
Laver et couper les tomates en dés.
Eplucher et ciseler le plus finement possible les oignons. Ciseler les feuilles de basilic.

Finition de la salade > Emietter le thon avec les doigts et le conserver dans son huile.
Verser tous les légumes, l'huile d'olive, le thon et son huile sur le pain. Assaisonner et bien mélanger. Rectifier l'assaisonnement et verser juste avant la dégustation le vinaigre balsamique.

L'idée de Nathalie

> Cette salade est d'origine italienne " Panzanella ". Elle permet de gérer les restes de pain. Et en plus c'est un régal.
*> Vous pouvez aussi **adapter les légumes** à votre goût : concombre, roquette, pourpier, poivrons…*
*> Par contre, choisissez un **pain** de ménage assez **dense et surtout rassis**.*

L'accord vin d'Arnaud

*> Un **vin blanc sec fruité délicat** : un Sauvignon de Loire, un Muscadet, un Côtes de Gascogne, un Bourgogne Aligoté.*

Les oeufs mimosa au thon et radis

Préparation **20 min**
Difficulté **+**
Coût **€**

Pour **6** personnes

1 boîte de *thon à l'huile* d'olive (160 g)
6 œufs
1 botte de persil
12 radis roses
1 jaune d'œuf
25 cl d'huile de tournesol
1 cuil. à café bombée de moutarde
1 cuil. à soupe de vinaigre de cidre
1 laitue
sel, poivre

Cuisson des œufs > Faire bouillir de l'eau dans une casserole et plonger les œufs dans l'eau bouillante. Les cuire 9 min à légers frémissements. Les égoutter et les refroidir aussitôt sous l'eau froide pour arrêter la cuisson. Les écaler et les couper en deux dans le sens de la longueur. Retirer les jaunes d'œufs et les débarrasser dans un saladier. Etaler les blancs d'œufs sur une assiette.

Préparation de la mayonnaise > Dans un saladier, verser le jaune d'œuf, la moutarde, le vinaigre, le sel et le poivre. Mélanger au fouet et ajouter l'huile tout doucement (surtout au début pour faire prendre la mayonnaise) tout en fouettant. Dès que la mayonnaise commence à prendre, rajouter plus rapidement le reste de l'huile. Vérifier l'assaisonnement. Réserver.

Préparation de la garniture > Effeuiller et laver le persil. Le ciseler le plus finement possible avec une paire de ciseaux ou avec un couteau bien aiguisé. Laver les radis et les émincer en fines lamelles.
Ajouter dans la mayonnaise, les radis, le persil, le thon égoutté et émietté ainsi que les jaunes durs. Bien mélanger le tout à l'aide d'un fouet et rectifier l'assaisonnement si nécessaire

Finition > A l'aide d'une cuillère, farcir chaque blanc d'œuf avec la mayonnaise au thon. Réserver au frais. Effeuiller, laver et essorer la laitue. L'émincer finement. Dans un joli plat, dresser un lit de laitue et déposer par dessus les œufs mimosa. Servir aussitôt.

L'idée de Nathalie

> Il ne faut pas hésiter à bien remplir les blancs d'œuf avec la mayonnaise au thon.

L'accord vin d'Arnaud

*> Un **vin blanc sec** un peu minéral : Chenin de la Loire en Anjou (Savennières par exemple), Menu Pineau et Sauvignon en Cheverny, Rolle en Provence, Mauzac vert en Gaillac.*

La crème d'artichaut au thon

Préparation **20 min**
Difficulté **+**
Coût **€**

Pour **6** personnes

1 boîte de *thon à l'huile* d'olive (160 g)
150 ml de crème fraîche
2 artichauts Camus
2 échalotes
10 cl de vin blanc (type Muscadet)
½ citron
5 feuilles de sauge ciselées
15 g de beurre
sel, poivre

Cuisson des artichauts > Arracher la queue des artichauts afin de retirer le plus de fibre possible. Les laisser tremper 5 min dans de l'eau froide vinaigrée. Les égoutter. Cuire les artichauts dans une grande casserole d'eau bouillante salée à couvert, pendant 40 min (la pointe du couteau doit s'enfoncer facilement dans le cœur). Les égoutter ensuite une fois cuits. Retirer les feuilles des cœurs et les conserver. Jeter le foin et couper les cœurs en dés. Réserver.

Préparation de la crème > Eplucher, laver et ciseler finement les échalotes. Dans une casserole, verser le beurre et les échalotes ciselées. Faire étuver doucement 5 min. Ajouter les artichauts en dés, bien mélanger et mouiller avec le vin blanc. Laisser cuire doucement à découvert 10 min. Verser le tout dans le bol du mixeur électrique. Ajouter tout le reste des ingrédients et mixer le tout. Rectifier l'assaisonnement.

Dressage > Partager la crème dans 6 ramequins. Les disposer au centre des assiettes et dresser les feuilles d'artichauts autour de façon à représenter une jolie fleur. Déguster en entrée ou en apéritif en trempant chaque feuille dans la crème.

L'idée de Nathalie

*> Vous pouvez **transformer cette crème en potage**. Vous mouillez les artichauts avec leur eau de cuisson après la cuisson du vin blanc. Vous rajoutez le reste des ingrédients quand la soupe sera en ébullition. Il ne vous suffira plus qu'à mixer le tout avec un mixeur plongeant !*

L'accord vin d'Arnaud

*> Un **vin blanc fruité assez fin** : un Sauvignon, un Muscat sec Catalan ou un Pinot blanc d'Alsace.*
*> Une **clairette de Die** si vous prenez l'apéritif !*

La crème de sardines au citron

Préparation **15 min**
Difficulté **+** + + +
Coût **€** € € €

Pour une **vingtaine** de toasts

1 boîte de *sardines à l'huile* d'arachide (125 g)
2 cornichons
1 œuf
1 cuil. à café de moutarde
½ citron
10 cl d'huile de pépins de raisin (ou tournesol, ou arachide)
sel, poivre

Préparation de l'œuf et des cornichons > Tailler les cornichons en petits dés (3 mm) et réserver. Plonger l'œuf dans une casserole d'eau bouillante et laisser frémir 9 min. L'égoutter et le refroidir sous l'eau. L'écaler et le couper entier en petits dés (3 mm). Réserver.

Préparation des sardines > Retirer les sardines de l'huile et les désarêter. Verser les sardines dans un saladier.

Finition de la crème > Ajouter aux sardines le jus de citron et le zeste (prélevé avec une râpe à fromage) et la moutarde. Fouetter le tout en incorporant l'huile, le sel, le poivre et finir par les dés d'œuf et de cornichons. Vérifier l'assaisonnement et réserver au frais avant la dégustation.

Dégustation > Griller des tartines de pain et servir la crème avec ces toasts en apéritif.

L'idée de Nathalie

> Rien de plus simple à confectionner à la dernière minute. Vous pouvez aussi utiliser cette crème pour farcir des ***tomates cerises****.*

L'accord vin d'Arnaud

> Un ***vin blanc sec fruité et acidulé*** *: un Sauvignon de Loire ou du bordelais. Un Rolle des Coteaux Varois ou un Picpoul de Pinet du Languedoc.*

Les pommes de terre farcies à la brandade de sardines

Préparation **20 min**
Cuisson **1 h**
Difficulté + + + +
Coût € € € €

Pour **4** personnes

1 boîte de *sardines à l'huile* d'olive ou d'arachide à défaut (125 g)
2 grosses pommes de terre (500 g)
20 cl de crème fraîche
15 cl d'huile d'olive
1 gousse d'ail
½ citron
sel, poivre

Cuisson des pommes de terre > Bien frotter les pommes de terre avec une éponge sous l'eau et les cuire 1 h au four (à 200°, th. 6-7) dans du papier aluminium. Une fois cuites, les débarrasser du papier aluminium et les couper en deux dans le sens de la longueur. Creuser chaque moitié en faisant attention de ne pas abîmer la peau. Réserver les pommes de terre évidées et conserver leur chair.

Préparation de la brandade > Eplucher et hacher l'ail très finement. Réserver. Egoutter les sardines, les désarêter et réserver.
Verser la crème dans une casserole et la faire bouillir. Ajouter aussitôt la chair des pommes de terre et incorporer petit à petit à la spatule l'ail, les sardines, l'huile d'olive, le jus de citron, le sel et le poivre. Vérifier l'assaisonnement.

Dressage et dégustation > Partager la brandade dans chaque moitié de pommes de terre et réchauffer légèrement au four si nécessaire. Servir les pommes de terre avec une belle et bonne salade verte.

L'idée de Nathalie

*> Vous pouvez remplacer les sardines par du **thon à l'huile**. C'est aussi très bon.*

L'accord vin d'Arnaud

*> Un **vin blanc sec floral** : Chenin de la Loire ou Riesling d'Alsace de 4/5 ans.*

Les tartines grillées à la tomate et aux sardines

Préparation **20 min**

Difficulté **+**

Coût **€**

Pour **6** personnes

1 boîte de *sardines à l'huile* d'olive (250 g)

6 belles tartines de pain de campagne (1 cm d'épaisseur)

1 gousse d'ail

10 cl d'huile d'olive

300 g de tomates

1 poignée de roquette

2 pincées d'herbes séchées de Provence

sel, poivre

Préparation de la garniture > Egoutter, désarêter les sardines et réserver. Laver les tomates, retirer les pédoncules, les couper en quartiers, les épépiner et les tailler en petits dés (7 mm). Laver, essorer et émincer grossièrement la roquette. Mélanger la roquette, les tomates, le sel, le poivre, l'huile d'olive et les herbes de Provence. Réserver.

Finition des tartines > Griller le pain des deux côtés. Le frotter à l'ail légèrement. Etaler les sardines en les partageant entre les 6 tartines. Verser ensuite délicatement la salade de tomates sur chaque tartine.

Dégustation > Couper chaque tartine en deux ou trois pour faciliter la dégustation et servir aussitôt en entrée ou à l'apéritif.

L'idée de Nathalie

*> Cette tartine est fortement inspirée des **crostini** que l'on déguste en anti pasti en Italie. Mais le climat devenant de plus en plus chaud en Bretagne… les recettes prennent de plus en plus de coups de soleil !*

L'accord vin d'Arnaud

*> Un **vin blanc sec fruité** : un Muscadet de Sèvre et Maine sur lie ou des Côtes de Grandlieu, un Mauzac vert de Gaillac ou un Petit Manseng des Jurançons secs.*

La salade de pommes de terre et concombre aux maquereaux

Préparation **20 min**
Difficulté **+**
Coût **€**

Pour **6** personnes

1 boîte de *maquereaux au vin blanc* (176 g)
1 concombre
6 radis
300 g de pommes de terre
25 cl de crème fraîche liquide
1 branche d'aneth
sel, poivre

Préparation des légumes > Eplucher le concombre une fois sur deux, le couper en deux dans le sens de la longueur, retirer les pépins et l'émincer finement. Le saler généreusement et le laisser dégorger dans une passoire au moins 30 min.
Laver les pommes de terre sous l'eau. Les cuire dans de l'eau légèrement salée (départ eau froide) pendant 30 min après l'ébullition. Les égoutter, les éplucher et les laisser refroidir.
Nettoyer sous l'eau les radis et les émincer finement. Ciseler finement l'aneth (il suffit juste d'une cuillerée à café rase d'aneth ciselé).

Confection de la salade > Rincer le concombre et le verser dans un saladier. Ajouter les radis, les pommes de terre coupées en petits dés, l'aneth, les maquereaux égouttés et légèrement émiettés, la crème, le sel et le poivre. Bien mélanger et rectifier l'assaisonnement. Réserver au frais.

Dégustation > Servir la salade en entrée bien fraîche.

L'idée de Nathalie

> *Si vous n'aimez pas l'aneth, vous pouvez le remplacer par de la* ***ciboulette****.*

> *Et si vous aimez les casse-croûtes, vous pouvez glisser cette salade entre deux belles tranches de pain.*

L'accord vin d'Arnaud

> *Un* ***vin fruité du cépage Sauvignon*** *(cf. terrine de maquereaux au vin blanc et à la tomate) mais aussi un Pinot Blanc d'Alsace ou un Gaillac pour changer.*

La terrine de maquereaux au vin blanc et à la tomate

A préparer la veille

Préparation **30 min**

Difficulté **+** + + +

Coût **€** € € €

Pour **6** personnes

1 boîte de *maquereaux au vin blanc* (176 g)
800 g de tomates
150 g d'oignons
5 cl d'huile d'olive
150 g de crème fraîche
2 g d'agar-agar en poudre (en épicerie biologique)
1 branche d'estragon
sel, poivre

Préparation de la sauce tomate > Eplucher et émincer finement les oignons. Retirer les pédoncules des tomates, les plonger 20 sec dans de l'eau bouillante, les monder, les couper en deux, les épépiner et les hacher grossièrement.
Dans une cocotte, faire fondre les oignons dans l'huile d'olive 5 min. Ajouter la chair des tomates, le sel et le poivre. Bien mélanger et laisser cuire doucement à découvert jusqu'à ce que la sauce soit épaisse (30 min). Réserver.

Confection de la terrine > Effeuiller et ciseler l'estragon.
Egoutter les maquereaux et les émietter légèrement avec les doigts. Les mélanger à la sauce tomate avec l'estragon ciselé. Réserver.
Verser la crème fraîche avec une cuillère à soupe d'eau dans une casserole. Monter le tout à l'ébullition. Verser l'agar-agar et bien fouetter pour le dissoudre dans la crème. Laisser frémir 5 min tout en fouettant de temps en temps.
Verser la crème dans la préparation sauce tomate-maquereaux-estragon. Bien mélanger et débarrasser le tout dans une terrine. Réserver au frais pendant au moins 1 h avant la dégustation.

Dressage et dégustation > Démouler la terrine, la couper en tranches avec un couteau à dents délicatement et servir avec une salade d'haricots verts, de poivrons confits à l'huile d'olive ou une salade verte. Les toasts grillés sont aussi les bienvenus.

L'idée de Nathalie

> *Vous pouvez remplacer le maquereau par du* ***thon au naturel*** *mais la terrine aura un peu moins de personnalité. En effet, le vin blanc la relève très bien.*

L'accord vin d'Arnaud

> *Un* ***vin blanc sec fruité et acidulé*** *comme certains Sauvignons de Touraine ou du Centre Nivernais (Pouilly-Fumé, Sancerre).*

FILETS de MAQUEREAUX

Les pâtes fraîches aux encornets et leur crème à la soupe de poissons

Préparation **40 min**
Difficulté **+** + + +
Coût **€ €** € €

Pour **6** personnes

500 g de *soupe de poissons*
1,5 kg d'encornets blancs
de petite taille (50g/pièce)
10 cl d'huile d'olive
1 botte de persil plat
2 gousses d'ail
sel, poivre
50 g de beurre
500 g de pâtes fraîches
(type tagliatelles)
10 cl de crème fraîche

Préparation des encornets > Nettoyer les encornets. Retirer les ailerons ainsi que la peau brune. Ouvrir les encornets sur leur longueur avec un couteau et jeter tous les intérieurs. Bien rincer les blancs d'encornets sous l'eau froide et ne conserver que les blancs. Les émincer en fines lamelles (5 mm). Réserver au frais.

Réchauffage de la soupe > Réchauffer la soupe comme indiqué sur la boîte, la crémer et réserver au chaud.

Cuisson des encornets > Hacher l'ail et ciseler le persil. Réserver.
Saisir les encornets dans une poêle anti-adhésive avec un filet d'huile d'olive. Répéter plusieurs fois l'opération si la poêle est trop petite pour tout contenir en une fois. Il faut juste une couche d'encornets à la fois dans la poêle. Dès qu'ils commencent à caraméliser et à ramollir, ajouter l'ail et le persil. Débarrasser et réserver au chaud.

Cuisson des pâtes > Cuire les pâtes dans une grande casserole d'eau bouillante salée pendant trois à cinq minutes après la reprise de l'ébullition. Les égoutter et les transvaser dans un saladier avec le beurre. Mélanger délicatement.

Dressage > Dans six assiettes creuses, partager les pâtes, ensuite la soupe crémée et pour finir la fricassée d'encornets. Servir de suite.

L'idée de Nathalie

*> Vous pouvez remplacer les encornets par des **coquilles Saint-Jacques** ou des **crevettes décortiquées**.*

L'accord vin d'Arnaud

> Nous retrouvons ici les mêmes accords possibles qu'avec le poisson associé à la sauce à base de soupe de poissons (cf p. 62).
*Si vous souhaitez un **vin rouge fruité et épicé** : un Pinot Noir d'Auvergne, du Vendômois ou de l'Orléannais.*

La sauce "soupe de poissons" pour poissons blancs

Les idées de Nathalie

Pour transformer un repas de tous les jours en un repas de fête, voici **4 manières** d'**utiliser en sauce une bonne soupe de poissons bretonne** !

L'idée poisson

pour **8** personnes

800 g de *soupe de poissons*

20 cl de crème fraîche

1,2 kg de filets de poissons
(type merlu, lieu jaune, julienne...)

sel, poivre

Préparation > Réchauffer la soupe comme indiqué sur la boîte, la crémer et réserver au chaud.
Cuire le poisson à la vapeur (dans un couscoussier) ou au four très chaud (dans un plat à gratin mouillé à mi-hauteur avec de l'eau, assaisonné et parsemé de quelques noisettes de beurre) 7 à 10 minutes selon la taille des filets.

Dressage > Servir les filets de poisson nappés de sauce et accompagner de riz ou de pommes de terre.

L'accord vin d'Arnaud

*> Un **vin blanc racé, voire épicé** comme un Gewurztraminer d'Alsace ou un Pinot Gris plus léger, les vins du Rhône ou du Languedoc seront aussi appropriés : Saint-Joseph, Crozes-Hermitage, Cairanne ou Corbières, Costières de Nîmes, Minervois, Faugères.*

L'idée poisson poireau

pour **8** personnes
800 g de *soupe de poissons*
1,2 kg de filets de poissons
20 cl de crème fraîche
8 poireaux
75 g de beurre
sel, poivre

Préparation > Nettoyer les poireaux (en retirant les parties les plus vertes) et les émincer finement. Faire fondre le beurre dans une cocotte, ajouter les poireaux, les laisser étuver à couvert en mélangeant de temps en temps sur un feu moyen 30 min. Cuire le poisson comme indiqué page de gauche.

Dressage > Dresser la fondue de poireau au centre de l'assiette, disposer par dessus le poisson et napper le tout de soupe de poisson crémée.

L'idée poisson chou-fleur

Préchauffer le four à 200° (th. 6-7).

pour **8** personnes
800 g de *soupe de poissons*
1,2 kg de filets de poissons
20 cl de crème fraîche (pour crémer la soupe)
1 beau chou-fleur
25 cl de crème fraîche
6 œufs
sel, poivre et noix de muscade
gros sel gris de Guérande
10 g de beurre (pour le moule)

Préparation > Retirer les feuilles vertes du chou-fleur, le tailler en bouquets. Les laver sous l'eau et les cuire dans une grande casserole d'eau bouillante salée jusqu'à ce que le chou-fleur perde son croquant (environ 20 min). L'égoutter et le mixer. Ajouter la crème fraîche (25 cl), les œufs, une pincée de noix de muscade, le sel et le poivre. Bien mélanger au mixeur et rectifier l'assaisonnement.

Cuisson > Verser la préparation de chou-fleur dans un plat à gratin beurré et cuire au four (200°, th. 6-7) pendant 30 min. Cuire le poisson comme indiqué page de gauche.

Dressage > Le servir avec le poisson nappé de soupe de poisson crémée.

L'idée poisson crêpe

Préchauffer le four à 250° (th. 8).

pour **8** personnes
800 g de *soupe de poissons*
800 g de filets de poissons
8 fines crêpes de sarrasin
20 cl de crème fraîche
100 g de beurre
sel, poivre

Préparation > Beurrer les crêpes sur toute la surface avec du beurre mou. Disposer au centre des crêpes les morceaux de poisson (environ 100 g de poisson d'une épaisseur identique sur toute la surface). Assaisonner avec le sel, le poivre et replier les crêpes de façon à former un rectangle. Cuire les crêpes à four très chaud pendant 8 min.

Dressage > Napper le fond de chaque assiette avec la soupe crémée. Disposer la crêpe croustillante au centre de l'assiette et servir sans attendre.

Le risotto au confit de noix de Saint-Jacques et persil

Préparation	**30 min**
Cuisson	**20 min**
Difficulté	**+ +** + +
Coût	**€ €** € €

Pour **6** personnes

420 g de *confit de noix de St Jacques*
200 g de riz rond blanc (type Arborio)
250 g d'oignons
8 cl de vin blanc (type Muscadet)
85 cl d'eau (environ)
1 botte de persil plat
10 cl d'huile d'olive
10 cl de crème fraîche
sel, poivre

Préparation > Verser le confit dans une casserole avec une cuillerée à soupe d'eau. Le réchauffer doucement en remuant de temps en temps. Le réserver dans sa casserole à couvert mais feu éteint. Eplucher, laver et ciseler finement les oignons. Effeuiller, laver et ciseler le persil.

Cuisson du risotto > Dans une cocotte, verser l'huile d'olive et faire suer les oignons pendant 5 min. Ajouter le riz et le faire revenir 2 min tout en mélangeant. Mouiller avec le vin blanc et le faire réduire à feu vif. Continuer à mélanger. Puis ajouter l'eau petit à petit sur un feu vif. Le riz absorbe l'eau au fur et à mesure. Assaisonner et poursuivre la cuisson sans couvercle en mélangeant régulièrement pendant 16 à 17 min. Réduire le feu et ajouter le confit de Saint-Jacques avec la crème fraîche et le persil. Mélanger délicatement, le résultat doit être crémeux et servir aussitôt.

Dégustation > Le risotto se déguste servi dans des assiettes creuses pour rester le plus chaud possible.

L'idée de Nathalie

*> Vous pouvez remplacer le risotto par des **spaghetti**… la recette sera plus simple et pas mauvaise du tout !*

L'accord vin d'Arnaud

*> Un **vin blanc sec floral** pour trancher avec la richesse du plat : un Chenin de la Loire, un Riesling d'Alsace ou un cépage Rolle de Provence.*

La salade hivernale (ou automnale) aux lentilles et ses toasts au foie de lotte

Préparation 30 min
Difficulté +
Coût €

Pour **6** personnes

1 boîte de *foie de lotte cuit au naturel* (190 g)
100 g de lentilles vertes du Puy
1 petite carotte
1 petit oignon
1 bouquet garni (thym, laurier, queues de persil, verts de poireau)
100 g de betterave rouge cuite
1 pomme
1 échalote
1 cuil. à soupe de vinaigre de vin
1 cuil. à soupe d'huile de noisette
2 cuil. à soupe d'huile d'olive
½ cuil. à café de moutarde
sel, poivre
18 rondelles de baguette

Cuisson des lentilles > Rincer les lentilles sous l'eau. Eplucher l'oignon et la carotte, les laver et les émincer finement. Dans une casserole, verser les lentilles, les légumes, le bouquet garni et trois fois le volume des lentilles en eau (environ 35 cl). Monter le tout à ébullition et laisser frémir doucement à couvert 20 min. Saler et laisser cuire encore 5 min. Les lentilles doivent être fondantes mais surtout pas en bouillie. Rectifier l'assaisonnement et réserver.

Préparation des légumes et du fruit > Eplucher et couper en petits dés les betteraves et la pomme. Eplucher et ciseler très finement l'échalote.

Préparation de la vinaigrette > Mélanger la moutarde, le sel, le poivre et le vinaigre. Incorporer petit à petit et au fouet les huiles. Rectifier l'assaisonnement.

Finition de la salade > Egoutter les lentilles et les verser dans un saladier. Ajouter les légumes, la pomme et la vinaigrette. Mélanger délicatement et rectifier l'assaisonnement. Réserver.

Préparation des toasts > Griller les rondelles de baguette et disposer une fine tranche de foie de lotte sur chaque toast.

Dressage > Disposer un dôme de salade de lentilles au centre de chaque assiette et dresser autour les toasts au foie de lotte. Déguster aussitôt.

L'idée de Nathalie

*> Vous pouvez servir les toasts au foie de lotte en apéritif et rajouter sur le foie une pointe de **chutney aux carottes**.*

L'accord vin d'Arnaud

*> Un **vin blanc sec floral et minéral** de type Riesling d'Alsace ou Chenin de la Loire en Anjou, Savennières, Jasnières ou Montlouis.*

La crème de chou-fleur à l'haviorig

Préparation	**20 min**
Cuisson	**30 min**
Difficulté	**+**
Coût	**€**

Pour **8** personnes

75 g d'*haviorig*
1 beau chou-fleur
1 litre de lait
(voire plus si la soupe est épaisse)
30 cl de crème fraîche
gros sel gris de Guérande
sel, poivre, noix de muscade

Préparation du chou-fleur > Retirer les feuilles vertes du chou-fleur et le tailler en gros bouquets. Bien les laver et les cuire dans une grande casserole d'eau bouillante salée jusqu'à ce qu'ils soient tendres (20 min). Les égoutter une fois cuits.

Préparation de la crème > Dans une cocotte, verser le lait et le chou-fleur. Monter le tout à l'ébullition. Assaisonner (sel, poivre, noix de muscade râpée) et mixer avec le mixeur plongeant. Ajouter 20 cl de crème fraîche, mixer à nouveau et rectifier l'assaisonnement. Réserver au chaud.
Mélanger l'haviorig dans un bol avec le restant de crème (10 cl).

Dressage > Partager l'haviorig crémé en formant un petit dôme au milieu de chaque assiette creuse. Verser la crème de chou-fleur par-dessus. Servir bien chaud. Chaque convive mélangera le chou-fleur à l'haviorig.

L'idée de Nathalie

> Vous pouvez servir simplement en amuse-bouche une crème de chou-fleur (juste le chou-fleur mixé avec de la crème) bien froide avec une pointe d'haviorig.

L'accord vin d'Arnaud

> Un ***vin blanc assez rond*** *comme certains Chardonnay en Loire (Haut-Poitou) ou en Bourgogne, en Côtes d'Auxerre ou en Côtes Châlonnaises (Rully, Givry, Montagny, Mercurey). Un Pinot Blanc ou Pinot Gris d'Alsace aussi.*

Une touche de sel marin,

une touche de kari Gosse,

une touche d'algues,

une touche de vinaigre de cidre

pour une belle Breizh touche !

trop mad les condiments bretons !

trop sans être excessif / ***mad*** comme
bien & bon (mat) en breton,
voire même fou pour le reste du monde !

Marin & Briec
apprentis cuisiniers
dans une interprétation libre du
"poisson au gros sel et aux algues"

Le sel marin

Le sel est un élément indispensable pour cuisiner. C'est un peu comme les œufs, la farine, le lait.

Quand il m'arrive au restaurant d'avoir des clients qui sont au régime sans sel, c'est très compliqué pour arriver à un superbe résultat.

Ma ruse est d'utiliser, à la base, des produits avec beaucoup de goût. En effet, le sel est un formidable exhausteur de goût. Il est donc logique que des aliments comme les épinards, les carottes, les choux, les sardines, le bar, la pintade, l'oignon, ont moins besoin d'être salés que la pomme de terre, le riz, le filet de merlan, le rôti de veau...

Bon maintenant, manger trop salé n'est pas très bon pour la santé et souvent cela devient une mauvaise habitude un peu comme une drogue... Alors attention, il faut savoir doser ! Le truc pour saler ni trop ni pas assez est simple : vous comptez vos portions présentes dans la cocotte ou dans le saladier, vous assaisonnez chaque portion par une belle pincée de sel et, normalement, vous tombez juste. Si par hasard la préparation est quand même trop salée, rajoutez-y des rondelles de pomme de terre crue, elles absorberont une partie du surplus de sel.

Et justement, quand vous cuisez des pommes de terre à l'eau, ne salez pas trop car elles absorbent tout le sel présent dans l'eau à la différence d'un haricot vert ou d'une langoustine... où là, n'hésitez pas à saler votre eau de cuisson si vous ne voulez pas avoir un résultat " fadasse ".

Les algues déshydratées

Quand je vivais à Paris (pour l'apprentissage de mon métier), combien de fois ai-je fermé les yeux pour m'imaginer face à la mer, allongée sur le sable ou assise sur les rochers ou marchant sur les chemins des douaniers... et là, par magie, sans passer par " Nature et Découverte ", j'écoutais la mer et je sentais l'air marin !...

Eh bien, pour retrouver ces odeurs sans fermer les yeux et sans se plonger dans des rêveries, une belle pincée d'algues déshydratées sur votre plat et le tour est presque joué !

Le vinaigre de cidre
grand et costaud

Le kari Gosse
petit mais costaud

Le vinaigre de cidre

Ce vinaigre est un vinaigre doux qui n'arrache pas le palais et qui, la nature est bien faite, se marie très bien avec beaucoup de produits du terroir breton (chou-fleur, artichaut, oignon, merluchon...)

La cuisine asiatique est dans l'air du temps et dans beaucoup de recettes de grands chefs, vous retrouverez dans les ingrédients le vinaigre de riz. Ça a son charme, mais je vous conseille, si vous voulez mettre de la Bretagne dans l'assiette, de le remplacer par le vinaigre de cidre !

Le kari Gosse

Ce mélange d'épices a été fabriqué par un pharmacien lorientais, M. Gosse à la fin du XIXe siècle. Son secret de fabrication est aujourd'hui détenu par M. Pouezat et le plus drôle est que cette poudre magique continue d'être vendue presque exclusivement dans les pharmacies de la région de Lorient ou d'Auray. Si vous êtes trop loin, contactez nous !

Il se marie à merveille avec tous les crustacés bretons et un de mes grands premiers souvenirs gastronomiques reste, sans hésitation, les langoustines au kari Gosse que cuisinait une fois par an ma grand-mère pour toute notre famille.

Décortiquer ces grosses langoustines dégoulinantes de sauce au kari Gosse, sucer les têtes mais aussi ses doigts un par un, déguster la chair en prenant le temps d'apprécier... même si je n'avais que 10 ans, je faisais honneur à la table de ma grand-mère !

La recette qui suit est la version simplifiée de la recette de ma grand-mère. Si vous voulez connaître la vraie, elle fait partie des recettes du livre " Trop Mad ". J'ai juste remplacé les langoustines par le homard.

Le bar cuit au gros sel et son beurre citronné

Préparation	**15 min**
Cuisson	**30 min**
Difficulté	**+**
Coût	**€ €**

Pour **4** personnes

2 kg de *gros sel gris de Guérande*
1 bar de 1 kg
1 cuil. à café de graines de fenouil
10 cl de crème fraîche
100 g de beurre
1 citron
sel, poivre

Préparation et cuisson du bar > Préchauffer le four à 200° (th. 7). Vider le bar en ouvrant son ventre, retirer les branchies avec une paire de ciseaux et surtout ne pas l'écailler mais le rincer sous l'eau froide. Dans la plaque du four ou un plat à gratin, disposer une couche de gros sel sur une surface légèrement plus grande que celle du bar, y poser le poisson, lui incorporer les graines de fenouil dans le ventre, le recouvrir totalement avec le reste du gros sel. Glisser au four et le laisser cuire à 200° pendant 30 min (prévoir 30 min de cuisson par kilo de poisson, toujours à 200°).

Préparation du beurre citronné > Dans une casserole, verser 1 cuillerée à soupe d'eau et la crème fraîche. Faire bouillir. Y ajouter ensuite le beurre mou en petits morceaux sur un feu moyen tout en fouettant la crème. Presser le citron, verser son jus dans le beurre monté et rectifier l'assaisonnement si nécessaire. Réserver au chaud.

Dressage > Sortir le plat du four et laisser reposer le bar 5 min dans sa croûte de sel. Casser cette croûte de sel au couteau et disposer à l'aide de spatules le poisson sur le plat de service. Le présenter entier aux convives. La peau se retire sans problème à l'aide d'un couteau et d'une fourchette. Il ne reste plus qu'à partager les filets entre chaque convive et servir le poisson avec le beurre citronné.

L'idée de Nathalie

> Cette cuisson s'adapte aussi très bien à la ***dorade****.*

*> A la place du fenouil, vous pouvez rajouter un peu d'****algues*** *dans le ventre, le poisson en sera encore plus iodé et donc délicieux.*

L'accord vin d'Arnaud

> Un ***vin blanc fruité*** *avec de la fraîcheur : un cépage Sauvignon de Loire (Cheverny, Quincy, Reuilly, Menetou-Salon, Sancerre, Pouilly-Fumé) ou du Bordelais (Graves, Entre-deux-Mers, Côtes de Blaye), un bon Muscadet sera aussi très agréable !*

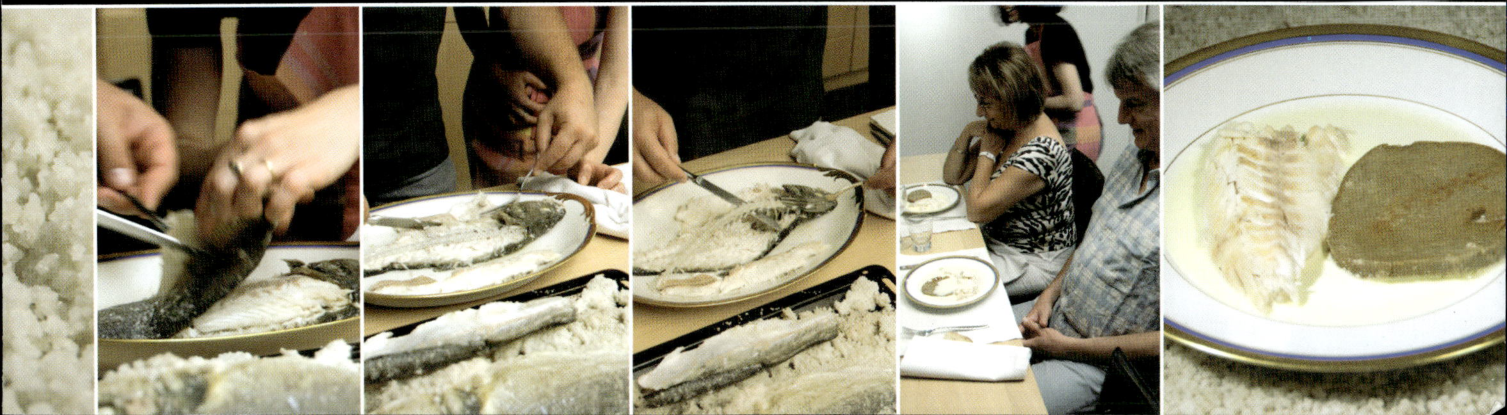

Les sardines marinées au gros sel à l'huile d'olive au citron et aux baies roses

Préparation **15 min**

Difficulté **+**

Coût **€**

Pour **4** personnes

500 g de *gros sel gris de Guérande*
12 sardines
1 cuil. à soupe rase de baies roses
10 cl d'huile d'olive
2 citrons

Préparation > Bien écailler les sardines, les vider et les étêter. Les recouvrir de gros sel et les laisser ainsi mariner 24 h.

Le lendemain, bien les rincer et les laisser tremper dans de l'eau très froide 30 min. Les égoutter. Avec les doigts, délicatement, retirer les arêtes en partant du côté tête vers la queue de la sardine et séparer ainsi les filets. Rincer de nouveau les filets et les sécher avec du papier absorbant. Disposer les filets dans une belle assiette et réserver au frais.

Disposer les baies roses sur une planche. Les écraser en roulant par dessus le fond d'une petite casserole. Assaisonner les sardines avec les baies concassées, arroser le tout d'huile d'olive et laisser au frais 1 h.

Dégustation > Servir avec des demi-citrons et du pain grillé. Chaque convive citronnera à la minute ses sardines et les étalera sur sa tartine de pain grillé.

L'idée de Nathalie

> Les sardines ne se mangent qu'extra-fraîches. Achetez les uniquement si elles brillent et si leurs têtes ne portent aucune tache rouge. La saison de pêche est principalement l'été (les sardines au barbecue : un délice !) et c'est le poisson gras qui détient le record d'oméga 3 dans les lipides (1,6 g/100 g).

L'accord vin d'Arnaud

> Un ***vin blanc sec assez fin, fruité voire minéral*** *: un cépage Rolle des Coteaux Varois, un Cheverny ou un Montlouis en Touraine, un Muscadet ou un Fief Vendéen plus océanique.*

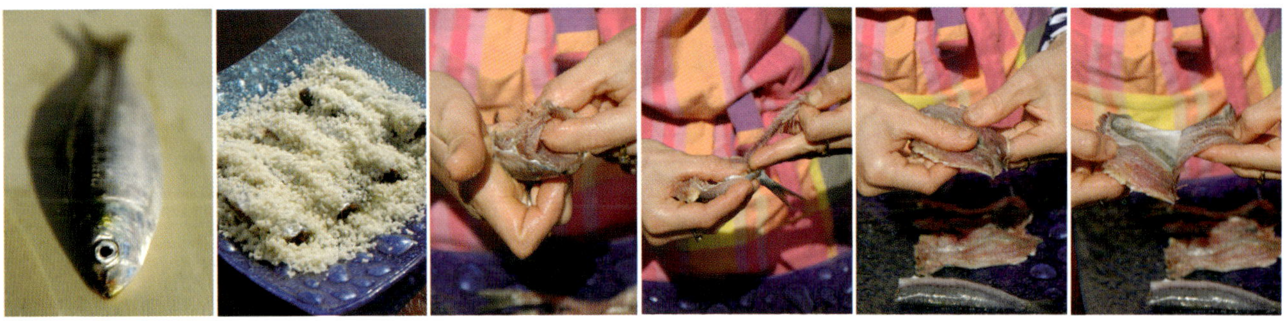

Les pommes de terre au gros sel et leur crème aux fines herbes

Préparation **15 min**

Cuisson **1 h**

Difficulté **+** + + +

Coût **€** € € €

Pour **6** personnes

- **1 kg de *gros sel gris de Guérande***
- **1,5 à 2 kg de grosses pommes de terre** (type Charlotte)
- **300 g de crème fraîche**
- **1/3 de botte de ciboulette**
- **1 branche d'estragon**
- **1/2 botte de persil**
- **sel, poivre**

Préparation des pommes de terre > Préchauffer le four à 200° (th. 6-7). Bien nettoyer les pommes de terre sous l'eau froide à l'aide d'une brosse ou d'une éponge. Etaler le gros sel dans un grand plat à gratin ou sur la plaque creuse du four. Disposer les pommes de terre couchées sur le lit de gros sel en les enfonçant légèrement. Mettre au four (200°) pendant 1 h. Pendant ce temps, préparer la crème aux fines herbes.

Préparation de la crème > Effeuiller le persil et l'estragon. Ciseler le plus finement possible le persil, l'estragon et la ciboulette (au couteau bien aiguisé ou avec une paire de ciseaux). Dans un saladier bien froid, verser la crème fraîche, saler et poivrer. Fouetter la crème jusqu'à la consistance d'une Chantilly. Ajouter alors les herbes ciselées. Bien mélanger et rectifier l'assaisonnement. Réserver au frais.

Dressage > Présenter les pommes de terre coupées en 2 dans le sens de la longueur et verser une cuillerée de crème aux fines herbes sur chaque moitié de pomme de terre. Déguster aussitôt.

L'idée de Nathalie

> Servir ces pommes de terre avec une bonne ***salade verte*** *ou une* ***viande rouge rôtie*** *ou tout simplement avec du* ***poisson fumé****. La pomme de terre remplace le blinis traditionnel.*

L'accord vin d'Arnaud

> Difficile de parler d'un accord vin avec uniquement la pomme de terre sans s'adapter à son accompagnement ! Alors je prends mon " joker " et je vous dis " ***le cidre*** *" ! Si vous voulez " manger Breizh ", buvez donc du cidre !*

Les petites crêpes aux algues

Préparation **15 min**
Cuisson **30 min**
Difficulté **+**+++
Coût **€**€€€

Pour **6** personnes

1 cuil. à soupe rase d'*algues déshydratées*
20 cl de lait
125 g de farine
50 g de beurre
2 œufs
un peu d'huile d'olive
sel, poivre

Préparation de la pâte > Dans un saladier, verser la farine avec 6 belles pincées de sel et les algues. Mélanger et faire une fontaine. Y casser les œufs entiers au centre. Incorporer petit à petit les œufs à la farine et ensuite le lait. Fouetter le tout vigoureusement afin d'obtenir une pâte bien lisse. Mettre le beurre à fondre dans une petite casserole et laisser sur le feu jusqu'à ce qu'il prenne une jolie couleur noisette. L'incorporer alors dans la pâte à crêpe. Laisser reposer ainsi la pâte une petite heure.

Cuisson des crêpes > Dans une poêle anti-adhésive et légèrement huilée, verser une petite louche de pâte et bien l'étaler. Laisser cuire d'un côté et la retourner délicatement avec une spatule. Continuer la cuisson jusqu'à ce que les crêpes soient toutes dorées des deux côtés et que la pâte soit épuisée.

Dressage > Servir en apéritif légèrement tiédies et roulées ou accompagnées d'une salade si les crêpes constituent une entrée.

L'idée de Nathalie

> Vous pouvez disposer une belle ***langoustine*** *ou une* ***crevette*** *décortiquée sur une demi-crêpe pliée en deux, la rouler et la maintenir ainsi avec ou sans cure-dent. Servir cette crêpe en apéritif ou avec une salade verte.*

L'accord vin d'Arnaud

> Un ***blanc sec*** *assez fin floral ou fruité… iodé c'est encore mieux : Fiefs Vendéens de Brem-sur-Mer, Vermentino de Corse, Rolle des Coteaux Varois et de la Provence.*

Les filets de merlan braisés au four sous leur croûte d'algues

Préparation **20 min**
Cuisson **10 min**
Difficulté **+**
Coût **€**

Pour **6** personnes

1 cuil. à soupe rase d'*algues déshydratées*
1 kg de filets de merlan
500 g de champignons de Paris
2 échalotes
15 cl de vin blanc (type Muscadet)
10 cl d'eau
6 cuil. à soupe de chapelure (bombées)
100 g de beurre
sel, poivre

Préchauffer le four à 250° (th. 8).

Préparation des légumes > Eplucher, laver et ciseler finement les échalotes. Nettoyer les pieds des champignons et laver les champignons dans l'eau. Les égoutter et les émincer finement. Mélanger la chapelure avec les algues.

Cuisson du poisson > Dans un grand plat à gratin, étaler les échalotes, les champignons, verser le vin blanc et l'eau, saler et poivrer. Disposer les filets de poisson sur les légumes, saler et poivrer à nouveau. Recouvrir le tout de chapelure aux algues et y déposer ensuite le beurre coupé en petits morceaux. Glisser dans le four très chaud et laisser cuire jusqu'à ce que la chapelure soit bien dorée (10 min).

Dressage > Présenter le plat au milieu de la table et servir chacun de vos convives.

L'idée de Nathalie

> *Accompagner ce plat avec des **pommes de terre** cuites à l'eau ou une embeurrée de pommes de terre.*

> *Vous pouvez remplacer le merlan par du **merlu**, de la **julienne**, du **lieu** ou même du **cabillaud**.*

L'accord vin d'Arnaud

> *Un **vin blanc sec minéral** assez fin comme pour la recette des crêpes aux algues ou plus fruité en partant sur un Pouilly-Fumé, un Jurançon sec, un Bergerac.*

Collez ici votre photo : vous, dégustant un filet de merlan braisé au four sous sa croûte aux algues, tout en faisant des bulles.

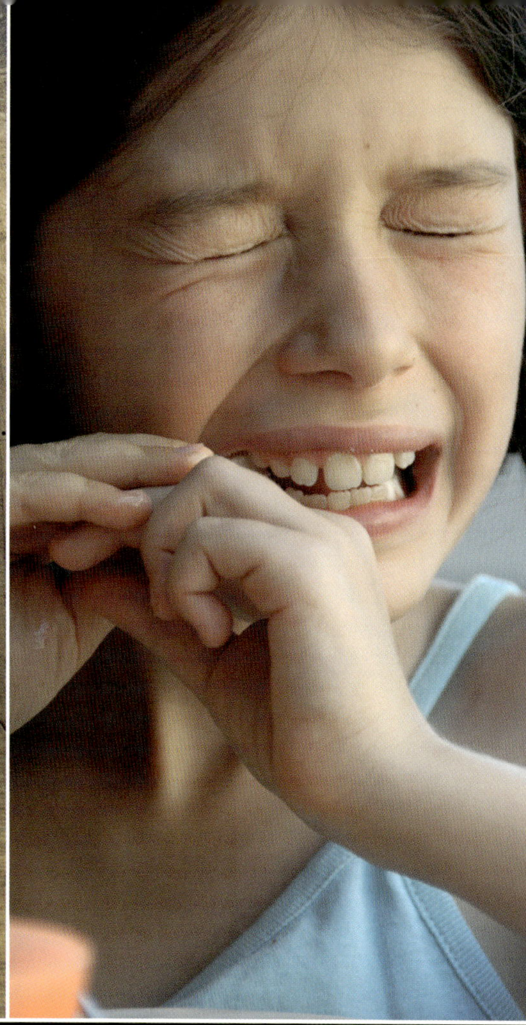

Les langoustines royales grillées au kari Gosse

Préparation	**15 min**
Cuisson	**7 min**
Difficulté	**+ +** + +
Coût	**€ € € €**

Pour **4** personnes

24 petites pincées de *kari Gosse*
12 belles langoustines royales
1 branche d'estragon
200 g de beurre
7 cl de Fine Bretagne
sel

Préchauffer le four à 250° (th. 8).

Préparation > Effeuiller et ciseler l'estragon.
Tenir les langoustines par la tête entre les doigts et à l'aide d'un gros couteau, les partager en deux dans le sens de la longueur.
Retirer avec la pointe d'un petit couteau la petite poche de sable qui se trouve le long de la carapace. Disposer les langoustines dans un plat à gratin (la chair découverte vers le haut). Saler légèrement et assaisonner chaque moitié de langoustine avec une pincée de kari Gosse. Verser la Fine Bretagne et parsemer le tout avec le beurre coupé en petits morceaux et l'estragon ciselé.
Glisser le plat dans le four très chaud et laisser cuire 7 min.

Dressage > Présenter dans chaque assiette six belles moitiés de langoustines et napper avec le jus de cuisson. Proposer en plus quelques quartiers de citron.

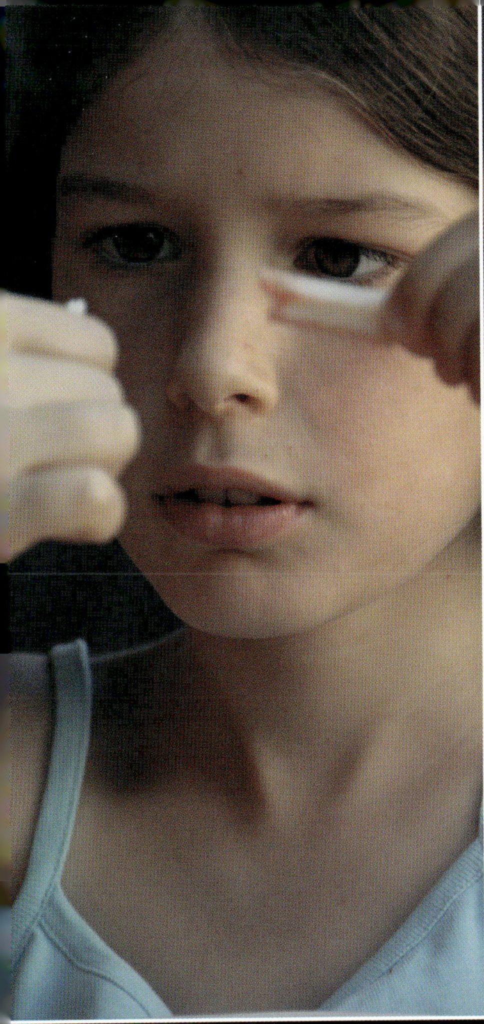

L'idée de Nathalie

> *N'oubliez pas de présenter des **rince-doigts** (des coupelles d'eau chaude citronnée) en fin de dégustation et de changer les serviettes de table !*

> *A part ça, ce plat est aujourd'hui malheureusement devenu inabordable, mais pour une grande et belle occasion, faites-vous plaisir !*

L'accord vin d'Arnaud

> *Un **vin racé, plutôt riche aux notes épicées** comme un Gewurztraminer d'Alsace ou des vins de la vallée du Rhône (Saint-Joseph, Cairanne, Crozes Hermitage, Châteauneuf-du-Pape).*

Les filets de maquereaux marinés au vinaigre de cidre

A préparer 6 h avant

Préparation **15 min**

Difficulté **+** + + +

Coût **€** € € €

Pour **6** personnes

7,5 cl de *vinaigre de cidre*
3 maquereaux de 200 à 300 g
85 g de sucre cassonade
25 cl d'eau
½ cuil. à café de cumin en graines
15 cl d'huile d'olive
1 pomme
150 g de gros sel gris de Guérande
cure-dents

Lever les maquereaux en filets (demander à votre poissonnier). Les étaler dans un plat sur une fine couche de gros sel et les recouvrir à nouveau de gros sel. Réserver au froid 3 h.

Préparation de la marinade > Dans une jatte, verser le sucre et le mélanger au fouet avec le vinaigre, l'eau et le cumin. Réserver.
Après trois heures de salage, rincer les filets de maquereaux sous l'eau et les laisser dans l'eau froide à dessaler 1 h. Les égoutter et les disposer dans la marinade. Les retirer au bout de 2 h. La peau du poisson se retire facilement avec les doigts. Retirer les arêtes à l'aide d'un petit couteau.

Dressage > Tailler des tronçons de poisson de 3 cm de long, les disposer dans une assiette et les napper d'huile d'olive.
Eplucher et tailler la pomme en petits cubes (1 cm). Piquer un morceau de pomme et un morceau de poisson sur chaque un cure-dent et disposer le tout dans une belle assiette.

L'idée de Nathalie

*> Ce maquereau est délicieux avec un **caviar d'aubergine** ou une **salade** plutôt croquante assaisonnée avec de l'huile d'olive et du vinaigre de cidre.*
*> Cette marinade peut être utilisée avec de la **coquille Saint-Jacques**, de la **lotte** ou du **bar**.*

L'accord vin d'Arnaud

*> Un **vin blanc sec** assez fin et vif : Muscadet, Fiefs Vendéens, Sauvignon du Haut-Poitou ou de Cheverny.*

La salade tiède de chou et magret de canard fumé à la vinaigrette aigre-douce

Préparation **20 min**
Difficulté **+** + + +
Coût **€ €** € €

Pour **6** personnes

12 cl de *vinaigre de cidre*
1 chou vert frisé
100 g de sucre semoule
2 cuil. à soupe d'eau
15 cl d'huile de pépins de raisin
1 branche d'estragon
300 g de magret de canard fumé
sel, poivre
gros sel gris de Guérande

Préparation du chou > Effeuiller le chou et le laver sous l'eau. Faire bouillir une grande casserole d'eau salée. Cuire le chou jusqu'à ce qu'il s'attendrisse légèrement (10 min après l'ébullition). L'égoutter et le refroidir rapidement sous l'eau froide. Retirer les tiges des feuilles si elles sont trop fermes et émincer le reste en fines lanières (5 mm). Réserver.

Préparation de la vinaigrette > Dans une petite casserole, verser le sucre et l'eau. Mettre sur feu vif et caraméliser le sucre. Ajouter doucement le vinaigre dès que le sucre devient caramel. Laisser le tout s'homogénéiser et ajouter l'huile en fouettant l'ensemble. Saler, poivrer.

Finition de la salade > Effeuiller et ciseler l'estragon.
Emincer le magret fumé en fines tranches.
Tiédir le chou (à la vapeur ou au four micro-ondes) et le mélanger à la vinaigrette et l'estragon.
Dresser un dôme de chou assaisonné et disposer autour le magret fumé. Déguster aussitôt.

L'idée de Nathalie

*> Cette vinaigrette se marie vraiment bien avec **toutes les variétés de chou** (lisse, frisé, fleur, brocoli...).*
*> Par contre, vous pouvez aussi remplacer le magret par des **gésiers de canard confits tièdes**.*

L'accord vin d'Arnaud

*> Un **vin rouge fruité et léger** de cépage Gamay ou Pinot Noir : Gamay de Touraine ou du Beaujolais, Alsace Pinot Noir, Cheverny, Coteaux du Giennois ou Côtes d'Auxerre et Passe-Tout-Grains en Bourgogne.*

La confiture d'oignons au vinaigre de cidre

Préparation	**30 min**
Cuisson	**1 h 20 min**
Difficulté	**+** + + +
Coût	**€** € € €

7 cl de *vinaigre de cidre*
1 kg d'oignons
5 cl d'huile d'olive
300 g de pommes
70 g de sucre
noix de muscade, cannelle, coriandre
½ cuil. à café de gingembre frais haché

Préparation des légumes et fruits > Eplucher, laver et émincer finement les oignons.
Eplucher, épépiner et couper en petits dés les pommes.

Préparation de la confiture > Dans une cocotte, verser l'huile d'olive et ajouter les oignons. Les faire étuver 10 min à couvert. Ajouter les pommes, le vinaigre, le sucre, le gingembre haché et une pincée de chaque épice (la cannelle en poudre, la muscade râpée, la coriandre concassée, le sel et le poivre). Bien mélanger et laisser cuire doucement à couvert (environ 1 h) jusqu'à ce que le mélange devienne une compote. Finir la cuisson à découvert si la compote est trop liquide. Verser dans un pot à confiture, le fermer aussitôt et conserver au frais (maximum 1 mois) jusqu'à l'utilisation.

L'idée de Nathalie

> *Cette confiture est excellente avec une* ***terrine de volaille****, un* ***foie gras****, une* ***terrine de porc****...* ***le pâté Hénaff*** *par exemple !*

L'accord vin d'Arnaud

> *Le vin sera à adapter au met principal qui accompagne ce condiment sucré/acidulé.*

Vinai
de Ci

Le test

Cidre Breton

Pommeau de Bretage

Whisky Breton

Bière Bretonne

Fine Bretagne

Drapeau Breton Gwenn Ha Du

Jus de Pomme Breton

Chouchen

L'abus d'alcool, même breton, est dangeureux pour la santé.
A consommer avec modération même si vous êtes breton.

trop mad les élixirs bretons !

trop sans être excessif / *mad* comme
bien & bon (mat) en breton,
voire même fou pour le reste du monde !

an ORIENT
Pommeau de Bretagne
APPELLATION POMMEAU DE BRETAGNE CONTRÔLÉE
A. et E. Le Guerroué
FINE BRETAGNE
Jus de Pomme Fermier
100 % PUR JUS

Le jus de pomme

L'inconvénient des jus de fruits en bocaux, c'est le sucre ajouté et même, certaines fois, des additifs qui viennent de " *je ne sais trop d'où* ". Dans un jus de pomme produit en Bretagne et par un " vrai " cidrier, vous ne trouverez que de la pomme et donc du goût !

Cette boisson est fruitée sans être acide. Au contraire de tous ces jus de fruits trop sucrés qui ferment l'appétit, le jus de pomme en guise d'apéritif est une superbe entrée en matière avant un bon repas (... à condition de ne pas l'accompagner d'une grosse poignée de cacahuètes).

Le cidre

C'est tout d'abord très agréable à boire et pas uniquement pour accompagner les crêpes : une saucisse au chou, une tarte aux pommes, en apéritif... mais moi, en tant que cuisinière, je l'aime à toutes les sauces !

Attention, seul un cidre produit dans les règles de l'art supportera une cuisson et fera " pétiller " vos plats... Alors ne lésinez pas sur la qualité... et en Bretagne, vous avez le choix ! Je vous conseille, en particulier, de choisir des cidres bouchés fermiers qui expriment bien leurs caractères et leurs terroirs.

Le Pommeau de Bretagne

Le Pommeau de Bretagne est une A.O.C. (Appellation d'Origine Contrôlée) de Vin De Liqueur. Le Pineau des Charentes, le Floc de Gascogne, le Macvin du Jura et le Ratafia de Champagne font partis de cette même famille des V.D.L. L'alcool de la région de production est ajouté avant fermentation au jus de goutte et de premier pressurage. Cette mistelle est vieillie ensuite en fût de chêne. La particularité du Pommeau de Bretagne comme celui de Normandie est sa composition à partir de pommes et non de raisins : cela donne des mariages aromatiques différents !

Il est avant tout proposé en apéritif, mais certains fromages (Curé nantais, Trappe de Timadeuc, Camembert,...) et certains desserts (tout particulièrement ceux à base de pommes et de chocolat) l'accompagnent à merveille.

La Fine Bretagne

La Fine Bretagne est une A.O.R. (Appellation d'Origine Réglementée) d'eau de vie de cidre. Elle est servie traditionnellement avec le café ou en digestif.

Si le kari Gosse me rappelle ma grand-mère, la fine, elle, me rappelle mon grand-père. En effet, après un bon repas, mon grand-père sortait très fier son eau de vie de derrière les fagots (la législation dans les années 1970 était moins stricte qu'aujourd'hui). Mais avant de la déguster, il fallait s'accrocher à sa chaise. Les invités non avertis devenaient de véritables personnages de bande dessinée avec la fumée dans les oreilles, les yeux rouges exorbités et la bouche grande ouverte. Mais pour ne pas vexer mon grand-père, ils la buvaient ! Moi, enfant, j'attendais toujours ce moment qui clôturait dans la gaîté un dimanche familial à table !

Concours
Médaille d'Or
BIÈRE AMBRÉE
Bretagne
MOR BRAZ
LA BIERE DU GRAND LARGE
A l'eau de Mer
33 cl
6% Alc/vol
douar, dour, tan
bière de blé noir
33 cl
WHISKY
PUR BLÉ NOIR
EDDU
Chouchenn
d'Armorique
hydromel fermier

Les bières bretonnes

La bière est une boisson qui remonte à " la nuit des temps " mais d'après les historiens, elle ne serait fabriquée en Bretagne que depuis le XVe siècle.

Après avoir connu des périodes fastes, sa fabrication disparaîtra presque entièrement de la région au cours du XXe siècle. Mais aujourd'hui, plusieurs brasseurs régionaux permettent de faire découvrir des bières avec un caractère très régional.

Cuisiner à la bière n'est pas toujours évident car l'amertume est très présente à la cuisson. C'est pour cette raison que j'utilise à la fois le sucre (ou le miel) et le citron. Ils me permettent de rééquilibrer mes plats entre l'acide et l'amer.

Cependant un conseil : je ne suis pas sûre que les palais de nos enfants apprécient ce genre de préparation… par contre, pour les buveurs de bière, allez-y et accompagnez, bien sûr, ces plats avec la bière qui est cuisinée.

La Chouchen ou l'hydromel

Le Chouchen est une boisson fermentée à base de miel dilué dans de l'eau. C'est une boisson " tranquille " qui peut tirer entre 11,5 à 15% d'alcool en volume. Elle est souvent proposée en apéritif ou en vin de dessert.

Certaines personnes portent un avis négatif sur le chouchen parce qu'il a la réputation de donner des maux de tête carabinés et même parfois de faire tomber en arrière suite à une surconsommation. Je suis d'accord que, comme tout alcool, il ne faut pas en abuser mais un Chouchen de qualité (produit par un apiculteur passionné) vaut vraiment le détour et ne vous rendra surtout jamais malade.

Le whisky breton

Ce n'est pas une grande production mais suffisante pour la mentionner.

L'influence géographique nous rapproche de celle de l'Ecosse et le métier de distillateur se transmet… Alors pourquoi pas ?

Je vous conseille en particulier la Distillerie des Menhirs à Plomelin qui a su respecter son savoir-faire de distillateur tout en mettant la région et le terroir en avant à travers le blé noir (ed du en breton). Un vieillissement en fût de chêne de France et la subtilité des assemblages permettent d'apporter cette régularité dans l'affinage.

La lotte au cidre

Préparation	**20 min**
Cuisson	**20 min**
Difficulté	**+** + + +
Coût	**€ €** € €

Pour **6** personnes

25 + 5 cl de cidre fermier
2 kg de lotte
(3 pièces de 700g)
6 échalotes
50 cl de crème fraîche liquide
½ botte de ciboulette
sel, poivre

Préchauffer le four à 250° (th. 8-9).

Préparation et cuisson du poisson > Habiller la lotte : retirer la peau épaisse puis la peau plus fine le long des chairs des poissons. Faire deux entailles le long de l'arête avec un couteau pointu afin de rendre la cuisson à cœur plus facile. Eplucher et ciseler finement les échalotes.
Disposer dans un grand plat à gratin les lottes coupées chacune en deux tronçons. Parsemer d'échalotes ciselées, saler, poivrer, mouiller avec le cidre et ensuite la crème fraîche.
Glisser dans le four très chaud (250°) pendant 20 min.

Finition de la sauce au cidre > Sortir le plat du four au bout de 20 min, verser le jus de cuisson dans une casserole et réserver le poisson au chaud. Laisser réduire le jus de cuisson sur un feu vif. Quand la sauce devient onctueuse, y rajouter 5 cl de cidre pour renforcer le goût en cidre et rectifier l'assaisonnement.

Dressage > Ciseler finement la ciboulette. Dresser les tronçons de lotte dans un plat creux. Napper avec la sauce au cidre et parsemer le tout de ciboulette.

L'idée de Nathalie

*> Vous pouvez servir ce plat avec du **riz** et des **pommes** fruits sautées au beurre.*
*> La lotte et le **maquereau** ne se ressemblent pas du tout mais vous pouvez cependant cuisiner le maquereau comme la lotte au cidre, c'est un délice !*

L'accord vin d'Arnaud

*> Le **cidre fermier** utilisé pour votre recette, bien sûr !*
*… ou bien un **vin blanc plutôt floral** et rond : Anjou, Saumur, Vouvray, Pinot Blanc ou Pinot Gris d'Alsace, Bourgogne, Pessac-Léognan.*

La terrine de queue de bœuf au cidre, carottes nouvelles et oignons nouveaux

Préparation **45 min**
Cuisson **4 h**
Difficulté **+**
Coût **€**

Pour **1 terrine** de 20 à 22 cm de longueur

2 bouteilles de *cidre brut*
1 queue de bœuf
6 belles carottes nouvelles
1 botte d'oignons nouveaux
2 oignons
1 poireau
1 branche de céleri
1 bouquet garni
(thym, laurier, queues de persil)
sel, poivre

Préparation préliminaire > Couper avec un gros couteau (style éminceur) la queue de bœuf en 4 afin de pouvoir la disposer dans la cocotte. Bien rincer les morceaux. Réserver.

Eplucher et laver les carottes, les oignons et oignons nouveaux, le poireau et la branche de céleri. Mettre de côté 4 belles carottes et les oignons nouveaux puis émincer grossièrement tout le reste des autres légumes.

Cuisson de la queue de bœuf et des légumes > Dans une cocotte, disposer les morceaux de queue, les légumes émincés, le bouquet garni, le sel, le poivre et mouiller le tout avec le cidre. Compléter le niveau avec de l'eau si la queue n'est pas totalement recouverte par le cidre. Mettre le tout en cuisson sur un feu vif jusqu'à ce que la préparation soit en ébullition. Laisser cuire à couvert à légers frémissements pendant 2 h. Ajouter alors les carottes, prolonger la cuisson 1 h. Ajouter les oignons nouveaux et laisser cuire 30 min. Arrêter alors la cuisson.

Montage de la terrine (se fait à chaud) > Débarrasser la queue dans un plat creux, les oignons nouveaux et les carottes entières dans une assiette. Passer le jus de cuisson et jeter à la poubelle les légumes de la garniture aromatique. Retirer à chaud la chair de la queue de bœuf. Elle doit se décoller de l'os et légèrement s'effilocher. Réserver la chair et jeter les os.

Filmer les parois intérieures de la terrine pour faciliter le démoulage. Disposer la moitié de la queue de bœuf dans le fond de la terrine. Napper de jus. Disposer les carottes et les oignons nouveaux sur une deuxième couche. Napper de jus. Finir la queue de bœuf sur la troisième couche et napper de jus.

Disposer la terrine dans un plat creux et la presser légèrement avec les mains afin de retirer l'excédent de jus. Filmer la terrine et la laisser dans le réfrigérateur jusqu'à total refroidissement (à peu près 3 h.).

Dressage > Démouler la terrine. Retirer le papier film et la couper doucement en tranches d'1 cm.

L'idée de Nathalie

> *Vous pouvez déguster la terrine avec une **sauce tomate froide**, une **crème fouettée aux fines herbes** et pourquoi pas une crème fouettée relevée avec un peu de **wasabi** (condiment japonais plutôt piquant).*

L'accord vin d'Arnaud

> *Du **cidre**, bien sûr ! Autrement, un **vin rouge léger**, fruité de cépage Gamay comme en Beaujolais (Brouilly, Fleurie, Chiroubles) et aussi légèrement " poivré " avec le cépage Pinot Noir comme en Alsace ou en Loire (Sancerre, Menetou-Salon).*

Dessalage de la morue la veille

Préparation **30 min**

Cuisson **30 min**

Difficulté **+**

Coût **€**

Pour **30** beignets

La compote :

50 cl de cidre

600 g de pommes

1 cuil. à soupe de sucre

Les beignets de morue :

600 g de morue (sans la peau)

25 cl d'eau

140 g de farine

110 g de beurre

4 œufs entiers

poivre

2 gousses d'ail

1 bain de friture

Dessalage de la morue > Faire dessaler la morue dans de l'eau froide pendant 24 h. Changer l'eau au moins trois fois en rinçant bien à chaque fois la morue.

Préparation de la compote > Eplucher, épépiner et couper en cubes les pommes. Dans une casserole, verser le cidre, le sucre et les pommes. Cuire sur un feu moyen à couvert jusqu'à ce que la compote soit fondante. Ne pas hésiter à la fouetter pour la rendre homogène. Réserver.

Cuisson de la morue > Couper la morue en gros morceaux et la mettre dans une casserole. La recouvrir d'eau froide. Monter le tout à ébullition et laisser frémir doucement 7 min à découvert. Egoutter la morue. L'effeuiller en retirant bien les arêtes s'il y en a. Réserver.

Préparation de la pâte à beignets > Eplucher les gousses d'ail et les hacher très finement. Réserver. Préparer une pâte à choux. Faire chauffer l'eau avec le beurre dans une grande casserole. Incorporer la farine dès que le mélange bout. Sécher l'appareil sur feu doux avec une spatule en le travaillant énergiquement. Quand la pâte se décolle du fond de la casserole, la débarrasser dans un saladier. Y incorporer ensuite les œufs un par un en mélangeant fortement à la spatule. Ajouter la morue et l'ail haché. Mélanger de nouveau vigoureusement. Saler (si nécessaire) et bien poivrer.

Cuisson des beignets > Faire chauffer un bain de friture et y jeter des petites cuillerées à soupe de pâte dans une huile juste tiède. Les cuire jusqu'à ce que les beignets remontent à la surface et soient bien dorés (le bain de friture ne doit pas être bouillant, juste chaud). Les égoutter sur un papier absorbant et les réserver au chaud. Faire cuire ainsi les beignets par petites quantités.

Dégustation > Servir les beignets bien chauds sur un plat et dresser la compote dans un bol. Chaque convive pourra tremper ses beignets dans la compote tempérée.

L'idée de Nathalie

> Ces beignets rappellent les acras de morue… mais sans les épices. La compote allégée par le cidre se marie très bien avec ces beignets et permet de remplacer de façon originale le quartier de citron.

> Si vous aimez ***l'oseille****, vous pouvez les accompagner d'une fondue d'oseille légèrement crémée.*

L'accord vin d'Arnaud

> Un ***cidre brut*** *plutôt rond qu'astringent, voire un cidre "Royal Guillevic" pour sa fraîcheur et sa finesse.*

> Un ***vin blanc fruité et acidulé*** *de cépage Sauvignon (Sancerre, Quincy, Reuilly, Menetou-Salon,…).*

Les cuisses de pintade braisées à la Telenn Du

Préparation **30 min**
Cuisson **1 h**
Difficulté **+**
Coût **€ €**

Pour **8** personnes

1,5 litre de Telenn Du (bière de blé noir)
8 cuisses de pintade
100 g de sucre
2 citrons
10 cl de crème fraîche
2 carottes
2 oignons
1 bouquet garni (queues de persil, thym, laurier, verts de poireaux)
1 cuill. à soupe d'huile de pépins de raisin
1 cuill. à soupe bombée de farine
sel, poivre

Préparation > Saisir les cuisses de pintades dans l'huile. Laisser colorer doucement sur le côté peau d'abord et ensuite côté chair.

Pendant ce temps, préparer la garniture aromatique. Eplucher les oignons, les carottes, les nettoyer et les ciseler en petits dés (5 mm).

Débarrasser les cuisses bien dorées. Dégraisser la casserole de cuisson. Faire étuver à couvert la garniture aromatique avec le sucre dans les sucs de cuisson. Laisser légèrement caraméliser, puis déglacer avec le jus des deux citrons.

Ajouter les cuisses de pintades et le bouquet garni, fariner, bien mélanger, mouiller avec la bière (et un peu d'eau si la pintade n'est pas mouillée à hauteur) et assaisonner.

Laisser cuire doucement à couvert pendant une heure. En fin de cuisson, dégraisser le jus avec une petite louche et crémer. Retirer le bouquet garni. Rectifier l'assaisonnement (sel, poivre, un peu plus de citron ou de sucre) et réserver au chaud.

Dégustation > Servir la pintade nappée de sauce et l'accompagner de pommes de terre en robe des champs.

L'idée de Nathalie

> *Vous pouvez remplacer le sucre par le* ***miel****. La sauce sera plus " rustique ". Quand à la bière, vous pouvez tester la même préparation avec d'autres* ***bières brunes voire ambrées****.*

L'accord vin d'Arnaud

> *La* ***Telenn Du****, bien sûr !*
Un vin rouge légèrement structuré aussi : Chinon, Bourgueil, Côtes de Blaye, Côtes de Bourg, Bergerac…

Le saumon en papillote de sarrasin et sa crème à la Mor Braz

Préparation **30 min**
Cuisson **8 min**
Difficulté **+**
Coût **€€**

Pour **6** personnes

33 cl de " Mor Braz " (bière à l'eau de mer)
600 g de filet de saumon (sans peau ni arête)
6 crêpes de sarrasin
70 g de beurre mou
3 échalotes
50 cl de crème fraîche
10 cl d'eau
1 cuil. à soupe rase de sucre
1 citron
sel, poivre
persil (facultatif)

Préparation de la crème > Eplucher et ciseler finement les échalotes. Dans une casserole, verser les échalotes et la bière. Faire chauffer sur un feu moyen et laisser réduire jusqu'à ce qu'il n'y ait plus qu'une cuillérée à soupe de liquide. Ajouter l'eau, la crème, le sucre, le jus du citron et l'assaisonnement. Monter le tout à l'ébullition, rectifier l'assaisonnement et réserver au chaud.

Préparation des papillotes > Préchauffer le four à 250° (th. 8).
Beurrer les crêpes sur toute la surface avec du beurre mou. Disposer au centre des crêpes les morceaux de saumon (100 g de poisson d'une épaisseur identique sur toute la surface). Assaisonner avec le sel et le poivre et replier les crêpes de façon à former un rectangle.
Faire cuire les crêpes à four très chaud (250°) pendant 8 min.

Dressage > Napper le fond de chaque assiette avec la crème à la " Mor Braz ". Disposer la crêpe au centre de l'assiette, décorer avec des feuilles de persil et servir sans attendre.

L'idée de Nathalie

> *La " **Mor Braz** " est une **bière légère à base d'eau de mer**. Elle se marie donc très bien avec le poisson. Le côté gras du saumon se marie bien avec l'amertume de la bière.*

> *Vous pouvez aussi remplacer la " Mor Braz " par une **bonne bière blonde**.*

L'accord vin d'Arnaud

> *La " **Mor Braz** ", bien sûr !*
*Ou sinon un **vin blanc " iodé "** :*
Muscadet de Sèvre et Maine sur lie,
Fiefs Vendéens de Brem/Mer,
Mauzac vert de Gaillac en zone occidentale, Picpoul de Pinet.

La tombée d'épinards au whisky et au lieu fumé

Préparation **20 min**
Cuisson **3 min**
Difficulté **+** + + +
Coût **€** € € €

Pour **6** personnes

5 cl de *whisky breton "Eddu"*
400 g de lieu fumé
taillé en fines tranches
500 g d'épinards (ou de tétragone)
30 cl de crème fleurette
1 citron
poivre

Préparation des épinards > Retirer les tiges dures et fibreuses des épinards. Laver les feuilles et bien les essorer. Les émincer finement avec un couteau aiguisé.

Finition de la salade tiède > Verser la crème dans une casserole (plutôt grande car les épinards sont volumineux avant la cuisson). La porter à ébullition. Ajouter alors les épinards. Couvrir 1 à 3 min et laisser cuire sur un feu vif. Stopper la cuisson quand les épinards commencent à tomber. Ajouter le jus du citron et le whisky. Poivrer et réserver au chaud.

Dressage > Dans le fond de chaque assiette, disposer la tombée d'épinards avec un peu de crème au whisky et dresser des fines tranches de lieu fumé autour. Servir de suite.

L'idée de Nathalie

> Le whisky se marie très bien avec le lieu fumé. Cette préparation adoucit le salé du lieu et le met en valeur d'une façon originale.

*> Si vous n'aimez pas le whisky, remplacez le par une cuillerée à café de **moutarde à l'ancienne** dans la crème... ce n'est pas mauvais du tout mais juste un peu moins "breizh".*

L'accord vin d'Arnaud

*> Le **whisky Eddu** !... mais avec modération, bien sûr !*

*> Un **vin blanc "fumé"** voire iodé avec un élevage en fût : Chardonnay ou Chenin de la Loire comme ceux des Fiefs Vendéens de Brem-sur-Mer ou de Mareuil, Saumur, Anjou, Savennières, Jasnières.*

La fricassée de crevettes au whisky

Préparation	**10 min**
Cuisson	**5 min**
Difficulté	**+** + + +
Coût	**€ €** € €

Pour **6** personnes

5 cl de *whisky breton "Eddu"*
600 g de crevettes cuites
(style " bouquets ")
5 cl d'huile d'olive
50 g de beurre
poivre

Faire chauffer une grande poêle sur un feu vif. Verser l'huile d'olive, puis les crevettes. Les saisir pendant 3 min.

Ajouter le beurre, le faire mousser et ajouter aussitôt le whisky (attention lors du flambage). Le laisser s'évaporer puis stopper la cuisson. Poivrer généreusement.

Verser le tout dans un saladier et déguster aussitôt.

L'idée de Nathalie

> C'est délicieux en ***entrée*** *mais aussi en* ***apéritif****. Il suffit juste de prévoir des rince-doigts.*

> Si vous avez la chance de trouver des ***bouquets vivants****, n'hésitez pas à les mettre dans votre panier. La recette sera la même (les bouquets cuisent très vite) mais ce sera encore meilleur. Il vous suffira de les saler en fin de cuisson.*

L'accord vin d'Arnaud

> Un bon verre de whisky Eddu, bien sûr... et pourquoi pas le servir en version " ***fine à l'eau revisitée*** *".*
Verser le whisky tout doucement sur une eau fraîche en inclinant le verre (Cf. la méthode expliquée dans la recette du Chouchen Café). Cette présentation apporte un crescendo dans votre dégustation :
1ère phase *: vous retrouvez à la surface le whisky pur,*
2ème phase *: les éthers (l'alcool) du whisky sont atténués par une légère dilution dans l'eau... les arômes sont perceptibles avec moins d'agressivité en bouche.*
3ème phase *: il vous reste l'eau fraîche pour terminer en douceur cette dégustation et vous remettre le palais au repos.*

La mousse de pommes et sa crème au romarin

Préparation **40 min**
Difficulté **+**
Coût **€**

Pour **6** personnes

50 cl de *jus de pomme*
1 kg de pommes
100 g de sucre semoule
4 g d'agar-agar en poudre
(en épicerie biologique)
25 cl de crème fraîche
70 g de sucre glace
(ou semoule à défaut)
1 goutte d'essence de romarin
(en épicerie biologique)

La mousse de pommes > Eplucher, épépiner et couper en petits dés les pommes (1 cm). Dans une casserole, verser le jus de pomme, le sucre et les pommes. Cuire le tout à couvert jusqu'à ébullition et poursuivre la cuisson à feu moyen et à découvert. Fouetter la compote de temps en temps. Quand la compote est à peu près homogène, ajouter l'agar-agar tout en fouettant la compote. Laisser cuire à feu doux 5 min.
Verser la compote dans des petits moules (style tasse à café) ou dans un moule à cake (la mousse sera alors coupée en tranches). Laisser refroidir au moins 2 h au réfrigérateur.

La crème de romarin > Battre la crème avec le sucre glace et l'essence de romarin en chantilly. Réserver au frais.

Dégustation > Démouler délicatement la mousse sur une assiette et la servir avec la crème chantilly au romarin.

L'idée de Nathalie

*> Vous pouvez accompagner ce dessert de **galettes bretonnes** ou de **crêpes dentelle** car c'est un dessert très léger.*
*> Si vous n'aimez pas le romarin, remplacez-le par un peu de **cannelle** en poudre ou rajouter à la crème fouettée quelques **amandes effilées grillées**.*

L'accord vin d'Arnaud

*> Un bon **jus de pomme fermier** ou le **cidre "Royal Guillevic"** : cidre issu de la pomme Guillevic qui se caractérise par son fruité délicat et son acidulé persistant. Il a le "Label Rouge" depuis 2000 et il est produit dans le Morbihan. Vous pouvez vous le procurez directement auprès des producteurs ou bien dans les rayons d'épicerie fine bretonne.*

La mousse au chocolat à la Fine Bretagne

Préparation **30 min**
Difficulté **+**
Coût **€**

Pour **6** personnes

7 cl de Fine Bretagne
250 g de chocolat noir
de couverture (60 à 70% de cacao)
15 cl de crème fraîche liquide
5 blancs d'œufs
100 g de sucre
300 g de pommes
15 g de beurre

Préparation des pommes > Eplucher et épépiner les pommes. Les ciseler en petits dés (5 mm). Chauffer une grande poêle, verser les pommes avec le beurre et 20 g de sucre. Faire saisir rapidement les pommes et ajouter la Fine dès que les pommes commencent à dorer. Attention lors du flambage ! Laisser évaporer la Fine. Réserver.

Préparation de la mousse au chocolat > Concasser le chocolat en petits morceaux. Dans une casserole, verser une cuillerée à café d'eau et la crème fraîche. Faire bouillir et ajouter le chocolat. Retirer du feu et mélanger doucement avec une cuillère en bois jusqu'à ce que le chocolat soit bien lisse. Si le chocolat n'est pas complètement fondu, remettre à chauffer mais sur un feu très doux. Battre les blancs d'œufs avec le sucre (80 g) au fouet électrique jusqu'à ce qu'ils soient brillants et fermes.
Mélanger le chocolat et les pommes et incorporer délicatement les blancs. Débarrasser la mousse dans des coupelles ou dans un joli saladier. Réserver au frais au moins trois heures avant la dégustation.

L'idée de Nathalie

> *L'alcool de la Fine s'est évaporé à la cuisson mais si vous avez peur que les enfants n'apprécient pas, vous pouvez la remplacer par de la* ***cannelle****.*

L'accord vin d'Arnaud

> *La* ***Fine Bretagne*** *bien sûr !... et façon " fine à l'eau " pour plus de douceur, (cf recette de " la fricassée de crevettes au whisky ") ou bien aussi un* ***Pommeau de Bretagne*** *pour rester régional. Bien sûr, un Vin Doux Naturel de Banuyls, Maury ou Rivesaltes sera très harmonieux.*

Le "Bread and butter pudding" au Pommeau

Préparation **30 min**
Cuisson **50 min**
Difficulté **+** + + +
Coût **€** € € €

Pour **6** personnes

4 cuil. à soupe de Pommeau
200 g de pain de campagne rassis
80 g de beurre
100 g de sucre
2 jaunes d'œufs
2 œufs
30 cl de crème fraîche
30 cl de lait

Préparation > Beurrer les parois d'un plat à gratin. Couper le pain en tranches et les tartiner avec le reste de beurre. Disposer le pain dans le plat sur deux couches. Battre les jaunes d'œufs et les œufs avec le sucre dans une grande jatte, jusqu'à ce que le mélange soit mousseux. Incorporer la crème, le lait et le Pommeau. Verser lentement la préparation sur le pain.
Appuyer sur les tranches de pain avec les doigts, de façon à bien les imbiber du mélange. Laisser reposer 20 min pour que le pain absorbe le maximum de crème aux œufs.
Préchauffer le four à 180° (Th. 6).
Poser le plat du pudding dans un plat à four rempli à mi-hauteur d'eau chaude (cuisson au bain-marie). Glisser dans le four à 180° et laisser cuire 40 à 50 min.

Dressage > Présenter le pudding tiède au milieu de la table et servir chaque convive.

L'idée de Nathalie

> *Si vous aimez beaucoup le Pommeau, vous pouvez* ***mouiller légèrement le pudding*** *en fin de cuisson avec quelques cuillerées de Pommeau.*

> *Cette idée de gâteau m'est venue à l'esprit parce que nos amis anglais, Helen et John, m'ont dit que le "Bread and butter pudding" est très à la mode en Angleterre et que c'est surtout délicieux !*

> *Bien sûr, dans le véritable "Bread and butter pudding" il n'y a pas de Pommeau mais plutôt de la liqueur de café (le Baileys) et les anglais y rajoutent souvent des raisins secs. A vous de juger si la version bretonne tient la route !*

L'accord vin d'Arnaud

> Le **Pommeau de Bretagne** *assurément ! Une petite gorgée de Fine Bretagne pour brûler la "richesse" du dessert pour les plus courageux ! Un verre de cidre doux... et le Royal Guillevic... c'est encore plus "trop mad" !*

Le tiramisu au Chouchen et au café

Préparation **30 min**

Difficulté **+**

Coût **€**

Pour **8** personnes

7 cl de Chouchen
5 œufs
150 g de sucre
500 g de mascarpone
1 cuil. à soupe de café liquide (en extrait)
36 biscuits à la cuiller
7 cl d'eau
cacao en poudre ou copeaux de chocolat

Préparation > Séparer les blancs des jaunes d'œufs.

Fouetter les jaunes avec le sucre à l'aide d'un mixeur électrique jusqu'à ce que le mélange forme un ruban blanchâtre. Ajouter le café et la mascarpone et fouetter le tout. Battre les blancs d'œufs en neige et les incorporer délicatement au mélange précédent.

Dans une assiette creuse, mélanger le Chouchen et l'eau. Dans un plat à gratin, ranger une première couche de biscuits à la cuiller (12) imbibés avec le Chouchen et l'eau. Verser la moitié du mélange à la mascarpone. Remettre une deuxième couche de biscuits à la cuiller imbibés (12) et verser tout le reste du mélange. Finir le montage du tiramisu avec une dernière couche de biscuits à la cuiller (12) imbibés.

Glisser le tiramisu dans le réfrigérateur et l'y maintenir au moins 4 h avant la dégustation.

Dressage > Recouvrir le tiramisu avec une fine couche de cacao en poudre ou des copeaux de chocolat et le présenter à vos convives au milieu de la table. Servir chacun de vos convives à l'aide d'une grande cuillère.

L'idée de Nathalie

> Il existe beaucoup d'idées de recettes autour du tiramisu. Certaines fois, je parfume la mascarpone avec de la ***cardamome*** *moulue, et j'imbibe les boudoirs avec du* ***café sucré****... c'est trop mad !*

L'accord vin d'Arnaud

> Le ***Chouchen*** *et le* ***café*** *bien sûr ! Le* ***Chufféré*** *si vous en trouvez (miel et jus de pomme fermenté comme un cidre) ou un* ***Crémant****.*

Le Chouchen Café

Préparation **10 min**
Difficulté +
Coût €

Pour **2** personnes
(sur la base de 26 cl par personne mais on peut s'adapter au contenant)

14 cl de Chouchen
4 cl de sirop de sucre de canne
20 cl de café
14 cl de crème fraîche
2 à 3 cuil. à café de sucre cassonade (selon votre goût)

Choix du verre et préparation > Privilégier un verre épais à pied ou un verre à anse dont l'ouverture est plutôt large. Préchauffer le verre en y versant de l'eau chaude, ça évitera un choc thermique à votre cocktail.

Préparation de la crème fouettée > Fouetter la crème fraîche sans nécessairement obtenir la fermeté complète. Une belle onctuosité facilitera son remplissage à la cuillère dans le verre ainsi que la dégustation. Une fois la consistance obtenue, ajouter le sucre cassonade (ou sucre en poudre au besoin) et fouetter à nouveau légèrement pour mélanger.

Préparation du Chouchen et du café > Faire chauffer le Chouchen sans ébullition (dans une casserole ou au micro-ondes) afin d'éviter l'évaporation de ses arômes. Préparer un café noir (Arabica de préférence) plutôt corsé que trop léger. Le réserver dans une cafetière ou un pot à lait avec un bec verseur pour vous faciliter le service du Chouchen Café.

Assemblage du Chouchen Café > Verser le sirop de sucre de canne dans le verre chaud. Ajouter le Chouchen bien chaud. Incliner le verre et verser très doucement le café bien chaud en positionnant le bec verseur du récipient à la surface de l'alcool. Redresser doucement le verre au fur et à mesure du remplissage très délicat. Verser à la cuillère la crème fouettée onctueuse et servir aussitôt avec une paille pour une dégustation alternée de chaque étage.

L'idée d'Arnaud

> Le Chouchen Café devrait vous séduire à plus d'un titre. Les ***arômes de miel*** *et la* ***douceur de l'alcool*** *(14° contre 40 à 43° pour les whisky) contribuent ensemble à des développements aromatiques beaucoup plus intéressants qu'une sensation brûlante due à des alcools plus forts.*

> Il faut savoir changer ses habitudes et aussi parfois les idées préconçues : il y a de ***très bons Chouchen****... et c'est 3 fois moins fort qu'un alcool habituel ! Alors bonne découverte !*

Le Gros Mac Breizh

craquelin + galette + palet
+ 2 crêpes dentelle
+ palet + galette + craquelin
+ caramel beurre salé

sauce conseillée :
une bonne louche de miel de sarrasin

recette expérimentale non testée

trop mad le bon goût sucré breton !

trop sans être excessif / ***mad*** comme
bien & bon (mat) en breton,
voire même fou pour le reste du monde !

Anna,
petite bretonne
mais grande
gourmande

Les craquelins

C'est une production typique du pays de la Rance (Saint-Malo/Dinan) et elle est principalement consommée par les bretons.

Je l'aime au petit déjeuner, à la fois craquant et fondant dès qu'il a commencé à tremper dans le thé, le café ou le chocolat au lait.

Mais sa qualité insoupçonnée est qu'il est le remplaçant idéal des toasts d'apéritif. Fini le pain grillé,... pensez plutôt aux petits craquelins bien de chez nous ! Plus facile pour disposer la garniture car il est creux, plus digeste et plus craquant qu'un toast sans être pour autant passé par le grille-pain... alors n'hésitez plus et testez, vous m'en direz des nouvelles !

Les palets, galettes et crêpes dentelle bretonnes

Enfant, c'était ma récompense quand j'avais bien mangé mon repas (pas évident le jour des épinards !).

Adulte, je les déguste avec le café en fin de repas, au dessert pour accompagner une glace, un fruit... pour le quatre heures, recouverts de confiture à la mûre !

Si j'ai le malheur aujourd'hui de laisser une boîte de ces spécialités bretonnes à la vue de mes enfants, c'est fini, je peux refaire le plein aux prochaines courses. Bref, des recettes souvent vieilles de plus d'un siècle mais qui sont toujours autant appréciées par les petits comme par les grands !

Le caramel au beurre salé

J'ai toujours aimé les bonbons au caramel, les caramels mous, la crème au caramel... mais le caramel au beurre salé, c'est le top et donc un grand merci à Henri Le Roux, maître-chocolatier-caramélier à Quiberon et inventeur de la fameuse recette du caramel au beurre salé (en 1977). Il est aujourd'hui copié et heureusement (à condition, bien sûr, que les caramels soient presque aussi bons que " les vrais ") car je ne sais pas si Henri Le Roux pourrait fournir la demande vu le succès de cette confiserie.

Le miel de sarrasin

Tremper sa cuillère dans le pot de miel et lécher cette cuillère en prenant son temps et en s'imaginant devenir une abeille butinant de jolies fleurs... Quelle belle image surtout si ces fleurs sont des fleurs de sarrasin caractéristiques à la Bretagne !

Les champs de sarrasin sont de plus en plus présents en Bretagne et les apiculteurs ne peuvent qu'être satisfaits de cette relance de la culture du sarrasin.

Ce miel est très typé avec une saveur rustique et des arômes puissants.

Les canapés aux craquelins

1 - Le craquelin et son tartare de saumon à l'aneth

pour **10** craquelins
100 g de saumon frais sans la peau
½ citron
1 cuil. à soupe d'huile d'olive
1 branche d'aneth
sel, poivre

Couper le saumon en petits dés et le verser dans un saladier. Ajouter le jus du demi-citron, le sel, le poivre, l'huile d'olive et l'aneth ciselé finement. Mélanger et vérifier l'assaisonnement. Farcir les craquelins et réserver au frais.

2 - Le craquelin et sa fondue de poireau à la noisette

pour **10** craquelins
1 poireau
10 noisettes
1 cuil. à soupe d'huile de noisette
sel, poivre
gros sel gris de Guérande

Casser et décortiquer les noisettes. Les glisser dans le four mis en position grill. Les sortir dès qu'elles sont dorées. Retirer leur peau et les concasser. Laver et émincer finement le poireau. Le cuire dans une casserole d'eau bouillante salée 7 minutes. L'égoutter et le refroidir aussitôt. Dans un saladier, mélanger le poireau, les noisettes et l'huile de noisette. Assaisonner et farcir les craquelins. Réserver au frais.

3 - Le craquelin et sa fondue de tomate au fromage de chèvre

pour **10** craquelins
3 cuil. à soupe bombées de sauce tomate froide (Cf. recette "Lasagnes au pâté Hénaff")
50 g de chèvre demi-sec
1 belle pincée de thym séché (ou origan)

Couper le chèvre en petits dés (5 mm) et, dans un saladier, mélanger tous les ingrédients. Farcir les craquelins et réserver au frais.

4 - Le craquelin et sa salade de chou-fleur et noix

pour **10** craquelins
3 beaux bouquets de chou-fleur
4 noix
1 cuil. à soupe d'huile de noix
sel, poivre
gros sel gris de Guérande

Cuire les bouquets de chou-fleur dans une casserole d'eau bouillante salée jusqu'à ce que le chou-fleur perde son côté croquant mais sans se transformer en purée (± 10 min.). Les égoutter.
Les refroidir en fin de cuisson et les émincer finement. Mélanger dans un saladier le chou-fleur, les noix décortiquées concassées et l'huile de noix. Assaisonner et farcir les craquelins. Réserver au frais.

5 - Le craquelin et ses rillettes de poisson

pour **10** craquelins
100 g de filet de merlan cuit à la vapeur et froid (cabillaud, merlu ou lieu jaune feront aussi l'affaire)
3 cuil. à soupe de soupe de poissons en boîte
1 cuil. à café bombée de crème fraîche
1 petit oignon nouveau ciselé très finement
sel, poivre

Dans un saladier, mélanger tous les ingrédients de façon à former des rillettes. Rectifier l'assaisonnement et farcir les craquelins. Réserver au frais.

1

2

3

5

4

L'idée de Nathalie

> *Quelques idées pour farcir ces craquelins mais la liste pourrait être longue. Simplement, n'ayez pas de garniture trop liquide car le craquelin pourrait ramollir et là, le résultat deviendrait catastrophique !*

L'accord vin d'Arnaud

> *Pour l'apéritif, un* ***vin effervescent*** *ou un* ***vin moelleux*** *? A moins qu'un* ***Pommeau de Bretagne*** *vous tente ! Sans oublier le fameux cidre "****Royal Guillevic****", c'est trop Mad !*

Le magret de canard rôti, sa sauce au miel de sarrasin et au vinaigre de cidre

Préparation **20 min**
Cuisson **8 min**
Difficulté **+** + + +
Coût **€ €** € €

Pour **4** personnes

100 g de *miel de sarrasin*
200 g d'oignons
15 g de beurre
10 cl de vinaigre de cidre
10 cl d'eau
2 magrets de canard (2x400 g)
ciboulette pour décorer
sel, poivre

Préparation de la sauce > Eplucher et ciseler finement les oignons (5 mm). Faire chauffer le beurre dans une casserole et ajouter les oignons. Les faire suer légèrement et verser le miel. Le cuire jusqu'à ce qu'il prenne une légère caramélisation et ajouter doucement le vinaigre de cidre pour arrêter la cuisson du caramel. Laisser cuire doucement 5 min. Ajouter 10 cl d'eau et l'assaisonnement, ne pas hésiter à bien poivrer. Faire bouillir et réserver au chaud.

Cuisson des magrets > Préchauffer le four à 200° (Th. 7). Entailler la peau grasse des magrets de façon à obtenir un damier (des carrés d'environ 1 cm de côté). Ne pas couper la chair.
Démarrer la cuisson des magrets dans une poêle sans matière grasse en déposant les magrets salés côté peau dessous. Laisser cuire à feu moyen pendant 5 min (jusqu'à ce que la graisse soit fondue et que la peau soit légèrement colorée). Glisser les magrets dans un plat à rôtir et laisser cuire 8 min au four à 200° (Th. 7).

Dressage > Tailler les magrets en fines tranches légèrement de biais (en suivant les fibres de la viande). Partager ces tranches entre chaque assiette et napper les magrets avec la sauce au miel. Servir aussitôt.

L'idée de Nathalie

*> Vous pouvez accompagner ce magret avec une **fricassée de navets nouveaux** au printemps, d'**aubergines** en été, de **châtaignes** en automne et de **choux de Bruxelles** en hiver.*

L'accord vin d'Arnaud

*> Un **vin rouge** de Bergerac, Pécharmant ou du Frontonnais, est un accord "géographique" de circonstance.*

à la fleur d'oranger et aux amandes grillées

Préparation **10 min**

Difficulté **+**

Coût **€**

Pour **3** personnes

1 cuil. à soupe de *miel de sarrasin*
3 yaourts nature
1 cuil. à soupe de sucre semoule
2 gouttes d'eau de fleur d'oranger
1 cuil. à soupe d'amandes effilées grillées

Préparation > Dans une jatte, verser tous les ingrédients sauf les amandes. Bien mélanger au fouet.
Partager le mélange dans trois coupes et parsemer chacune d'elles des amandes effilées. Réserver au frais jusqu'à la dégustation.

L'idée de Nathalie

> Vous pouvez bien sûr remplacer le miel de sarrasin par un autre miel mais sa ***puissance*** *donne vraiment de la " personnalité " au yaourt.*

> Le miel de sarrasin est aussi très agréable dans le ***pain d'épices*** *car il semble lui-même épicé.*

L'accord vin d'Arnaud

> Bien qu'un vin ne soit pas nécessaire, un ***vin effervescent*** *sera le mieux approprié à moins que vous préfériez une douceur : un vin moelleux… et pourquoi pas, avec un élevage en barrique de bois d'acacia, ce sera encore plus "trop Mad" !*

à la crème de caramel au beurre salé

Préparation	**20 min**
Cuisson	**30 min**
Difficulté	**+** + + +
Coût	**€** € € €

Pour **6** personnes

500 g de crème de caramel au beurre salé
(en épicerie au rayon confitures)

1,5 kg de pommes

Préparation des gratins > Préchauffer le four à 180° (th. 6).
Eplucher les pommes, les laver, les couper en deux et les épépiner. Les émincer le plus finement possible.
Dans un plat à gratin, étaler la moitié des pommes en une fine couche. Partager la moitié de la crème de caramel sur les pommes. Etaler le reste des pommes sur la première couche et recommencer l'opération avec le reste de la crème.
Glisser le plat à gratin dans le four à 180° pendant 30 min jusqu'à ce que les pommes soient bien caramélisées.

Dressage > Présenter le plat à gratin tiède au milieu de la table et servir.

L'idée de Nathalie

*> Une **chantilly** avec quelques amandes effilées accompagne à merveille ce dessert mais une bonne **glace à la vanille** fera aussi l'affaire.*

L'accord vin d'Arnaud

*> Un **cidre doux** ou encore mieux, un " Royal Guillevic " (cf p. 112). Un Crémant, une Clairette de Die ou un Champagne aussi.*

Le pudding à la vapeur au caramel au beurre salé

Préparation **20 min**
Cuisson **30 min**
Difficulté **+** + + +
Coût **€** € € €

Pour **6** personnes

6 cuil. à café bombées de *crème au caramel au beurre salé*
(en épicerie au rayon confitures)
175 g de farine
1 cuil. à café bombée de levure chimique
125 g + 50 g de beurre
150 g de sucre
3 oeufs
2 cuil. à soupe de mélasse
(en épicerie biologique)

Préparation de la pâte > Dans une grande jatte, verser la farine, la levure et le sucre. Mélanger et former une fontaine. Ajouter au centre les œufs. Mélanger petit à petit, puis ajouter le beurre fondu (125 g) et la mélasse. Bien mélanger jusqu'à l'obtention d'une pâte lisse. Réserver.

Préparation des moules > Beurrer 6 verres (résistant à la chaleur style Duralex). Verser dans chaque verre 1 cuillerée à café bombée de crème au caramel et partager la pâte entre les 6 verres. Les filmer individuellement avec du film étirable.

Cuisson > Mettre un fond d'eau dans le bas du couscoussier et disposer les verres sur sa grille. Faire chauffer le couscoussier sur un feu vif et baisser le feu quand l'eau bout. Laisser cuire les puddings sur un feu doux à la vapeur pendant 30 min.

Démoulage et dressage > Au bout de 30 min de cuisson, sortir les verres, retirer le film aussitôt et les démouler. Les servir plutôt tièdes avec une crème anglaise.

L'idée de Nathalie

> Recette typiquement anglaise et délicieuse, j'ai juste remplacé la confiture de cassis par la crème de caramel au beurre salé.
*> Peu connue en France, elle offre pourtant un grand avantage : **pas besoin de four** pour faire un gâteau !*
*> Quand à la **mélasse** (résidu sirupeux de la cristallisation du sucre de canne), c'est surprenant mais elle apporte une **touche réglissée au dessert**.*

L'accord vin d'Arnaud

*> Il faut trancher avec le "sucré". Un **vieux Rhum**, un bon **Cognac** ou un **Armagnac**... ou alors une **Fine Bretagne** bien sûr pour rester régional !*

Le riz au lait et au caramel

Préparation **15 min**
Cuisson **2 h**
Difficulté **+** + + +
Coût **€** € € €

Pour **6** personnes

6 caramels au beurre salé
1 litre de lait entier cru
60 g de riz rond semi complet
70 g de sucre
1 gousse de vanille

Préparation du riz au lait > Mettre le riz dans une casserole avec 25 cl de lait et la vanille (fendue en deux et égrainée) sur un feu très doux. Laisser cuire en mélangeant régulièrement avec une cuillère en bois et ajouter petit à petit le reste du lait. La cuisson prend 2 bonnes heures.
Sucrer le riz et ajouter les caramels en fin de cuisson. Mélanger jusqu'à ce que les caramels soient presque fondus. Le riz est cuit lorsque le mélange est bien crémeux.

Dressage > Partager le riz au lait dans des coupes et laisser légèrement refroidir avant la dégustation.

L'idée de Nathalie

> Pour faire un riz au lait bien crémeux, il est indispensable de le cuisiner avec un ***lait cru entier****.*
> La qualité et la variété du riz rentrent bien sûr en jeu. Un ***riz rond semi complet biologique*** *me semble la meilleure solution.*
> Si vous adorez les ***caramels*** *au beurre salé, vous pouvez* ***en ajouter*** *encore plus dans le riz au lait, mais diminuez alors la quantité de sucre.*

L'accord vin d'Arnaud

> Un ***Crémant*** *ou un* ***Champagne*** *plutôt brut pour alléger ce dessert sucré.*
> Un " ***Royal Guillevic*** *" sera encore meilleur avec son fruité et son acidulé.*

La tarte aux framboises, chocolat et chantilly

Préparation **10 min**

Difficulté **+** + + +

Coût **€ €** € €

Pour **6** personnes

18 fines galettes bretonnes
18 cuil. à café de pâte à tartiner chocolatée aux noisettes
300 g de framboises
20 cl de crème fraîche
60 g de sucre semoule

Préparation > Tartiner les fines galettes avec la pâte à tartiner chocolatée aux noisettes. Disposer les framboises sur la pâte à tartiner de façon à recouvrir toute la galette. Battre la crème et le sucre jusqu'à l'obtention d'une chantilly. Puis verser 1 cuillerée à café de chantilly sur chaque galette. Servir aussitôt.
Prévoir 3 fines tartes par personne.

L'idée de Nathalie

*> Recette pas vraiment diététique mais d'un **rapport simplicité/bon résultat exceptionnel** !*

L'accord vin d'Arnaud

*> Un **vin effervescent** de Champagne en demi-sec ou en rosé avec une belle vinosité.*
*Un **bon Crémant** de Loire, d'Alsace ou de Bourgogne aussi !*

Le fondant aux pommes et aux palets bretons

Préparation **30 min**
Cuisson **30 min**
Difficulté **+**+++
Coût **€**€€€

Pour **6** personnes

260 g de *palets bretons*
(style " Traou Mad ")
1,5 kg de pommes
120 g de sucre
70 g de beurre

Préparation de la compote > Eplucher, épépiner et couper en dés les pommes. Faire cuire dans une casserole à couvert sur un feu moyen les pommes, le beurre et le sucre. Mélanger de temps en temps et stopper la cuisson quand les pommes sont fondantes. Si la compote est un peu liquide, laisser cuire quelques minutes à feu vif et sans couvercle en mélangeant régulièrement.

Finition du fondant > Mixer les palets au mixeur électrique jusqu'à l'obtention d'une fine chapelure. Préchauffer le four à 180° (th. 6).
Dans un plat à gratin, verser un tiers de la compote de pommes en l'étalant bien. La recouvrir avec un tiers de la chapelure de palets. Recommencer l'opération deux fois en finissant par la chapelure de palets.
Glisser le plat dans le four à 180° (th. 6) et laisser cuire le fondant 30 min. jusqu'à ce que le dessus forme une croûte bien dorée.

L'idée de Nathalie

> *La recette est tirée d'une recette américaine. J'ai simplement remplacé la chapelure sucrée et beurrée par des palets bretons… et c'est meilleur que l'original !*

L'accord vin d'Arnaud

> *Un* ***vin effervescent*** *fruité voire demi-sec : un Champagne, un Crémant ou une blanquette de Limoux. Plus régional et superbe, un* ***cidre doux****, voire encore mieux le* ***Royal Guillevic****.*

Préparation **20 min**

Difficulté **+** + + +

Coût **€** € € €

Pour **8** personnes

Le fond de tarte :

300 g de *palets bretons*
(style " Traou Mad ")

60 g de beurre mou

La crème au chocolat :

32 cl de crème fraîche liquide

2 cuil. à soupe rases de sucre

115 g de beurre mou

455 g de chocolat noir de couverture (60 à 70% de cacao)

10 cl de lait

325 g de confiture d'abricots

cacao en poudre pour la finition

Préparation du fond de tarte > Mixer les palets avec le beurre mou jusqu'à ce que cela forme une pâte homogène. Etaler avec les mains cette pâte dans un moule à tarte (30 cm Ø) en faisant de légers bords. Réserver au frais.

Préparation de la crème au chocolat > Concasser le chocolat en petits morceaux. Dans une casserole, verser la crème et le sucre. Faire bouillir et ajouter aussitôt le chocolat et le beurre. Stopper le feu et mélanger le tout en incorporant petit à petit le lait.

Finition de la tarte > Sortir la pâte du réfrigérateur. La recouvrir de confiture d'abricots et verser la crème au chocolat en la lissant avec une spatule. Glisser la tarte au frais au moins 2 h.

Dégustation > Sortir la tarte du réfrigérateur au moins 20 minutes avant la dégustation. La saupoudrer de cacao et la présenter au milieu de la table à vos convives.

L'idée de Nathalie

> Si vous ne sortez pas la tarte du réfrigérateur ***20 min*** *avant sa dégustation, le chocolat sera moins crémeux et le froid anéantira le bon goût du chocolat.*

> Vous pouvez remplacer la confiture d'abricots par de la ***confiture de framboises****, voire même des* ***framboises fraîches*** *si vous n'aimez pas les desserts trop sucrés.*

L'accord vin d'Arnaud

> Un ***Vin Doux Naturel*** *de Maury, Banyuls ou Rivesaltes ambré.*
Un ***Pommeau de Bretagne*** *ou une* ***Fine Bretagne*** *seraient également appropriés… et c'est régional !*

Les îles flottantes au chocolat et leur radeau de "crêpes dentelle"

Préparation **30 min**

Difficulté **+** + + +

Coût **€** € € €

Pour **6** personnes

12 crêpes dentelle
soit 6 paquets

Les îles :

5 blancs d'œufs

100 g de sucre

La crème au chocolat :

120 g de chocolat noir
(60 à 70% de cacao)

37 cl de lait

10 cl de crème fraîche liquide

25 g de sucre

Préparation de la sauce au chocolat > Concasser le chocolat en petits morceaux. Porter le lait et la crème à ébullition. Verser délicatement ce mélange sur le chocolat en fouettant énergiquement. Ajouter le sucre. Si le chocolat n'est pas complètement fondu, chauffer très légèrement la sauce. Laisser refroidir.

Préparation des îles > Verser les blancs d'œufs dans la cuve du mixeur et fouetter. Dès que les blancs commencent à blanchir, ajouter le sucre et mixer jusqu'à ce que les blancs en neige soient brillants et fermes.
Partager les blancs en neige dans 6 ramequins (en verre ou en porcelaine). Leur donner une forme de " montagne " à l'aide d'une spatule.
Glisser dans le micro-ondes et compter 30 sec par ramequin à la puissance maximale.

Dressage > Partager la sauce au chocolat dans 6 assiettes creuses, disposer les blancs en neige au centre (à l'aide d'une grande cuillère) et dresser autour des " îles " deux crêpes dentelle. Servir aussitôt.

L'idée de Nathalie

> *Vous pouvez aussi napper les îles de **fils de caramel**, mais la crêpe dentelle apporte déjà le croustillant.*

L'accord vin d'Arnaud

> *Un **Vin Doux Nature**l fruité en vintage rouge : Maury, Porto.*

A l'épicerie fine "Mangez Breizh !"

Au menu "Mangez Breizh !"

Entrées

Crêpes, galettes et farz

Poissons

Viandes

Desserts

merci

Aux artisans et aux industriels qui depuis des années, voire des siècles, produisent ou fabriquent les trésors de l'épicerie bretonne !

Aux épiciers, et notamment Steven Penhouet de " Breizh Lipous " à Lorient qui a toujours su avec le sourire répondre à mes questions et satisfaire mes besoins en produits bretons !

A René Kermagoret, un de mes producteurs en légumes biologiques, qui m'a consacré toute une après midi pour une séance photo !

A la vaisselle " Alato " qui rajoute à mes plats une touche à la fois moderne et régionale !

A ma belle mère, Catherine, qui a saisi sur l'ordinateur toutes mes recettes manuscrites, ainsi que Marie-Jeanne, Xavier, Arnaud et mon père qui ont participé à la relecture et aux corrections !

A Jean-Sébastien qui a soutenu Pierre dans ses longues réflexions !

Et enfin à tous les enfants qui ont " mangé Breizh " avec plaisir et dans la bonne humeur pour la réussite des photos : Liza, Anna, Lou, Emilie, Marin, Briec, Nathan et Louis !

Le restaurant de
Nathalie & Arnaud Beauvais :
"Le Jardin Gourmand"
46 rue Jules-Simon - 56 100 Lorient
Tél. 02 97 64 17 24

Imprimé en Bretagne (France) par Oberthur Graphique à Rennes

Dépot légal : novembre 2007
ISBN : 978-2-9528098-1-8